I0016976

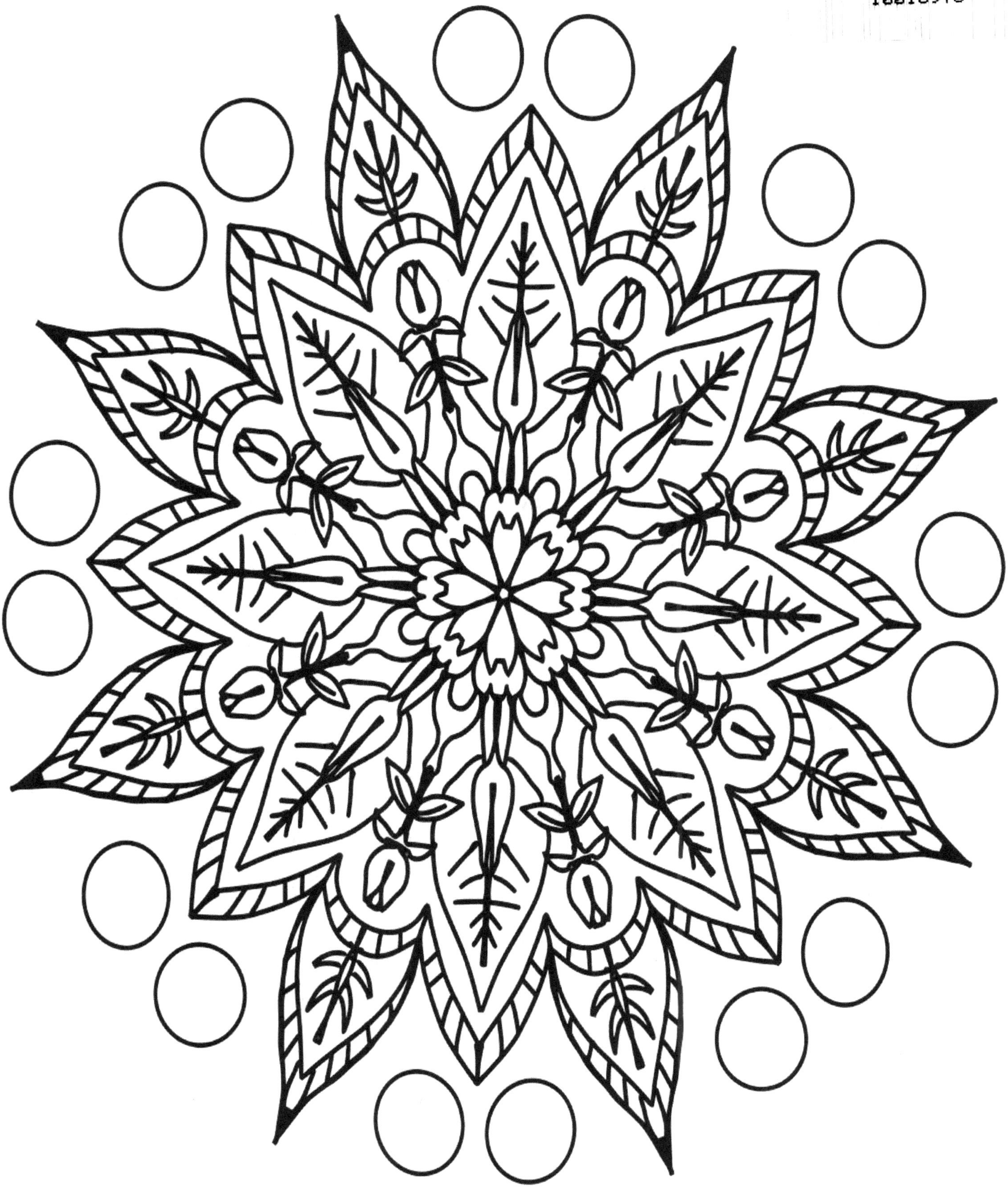

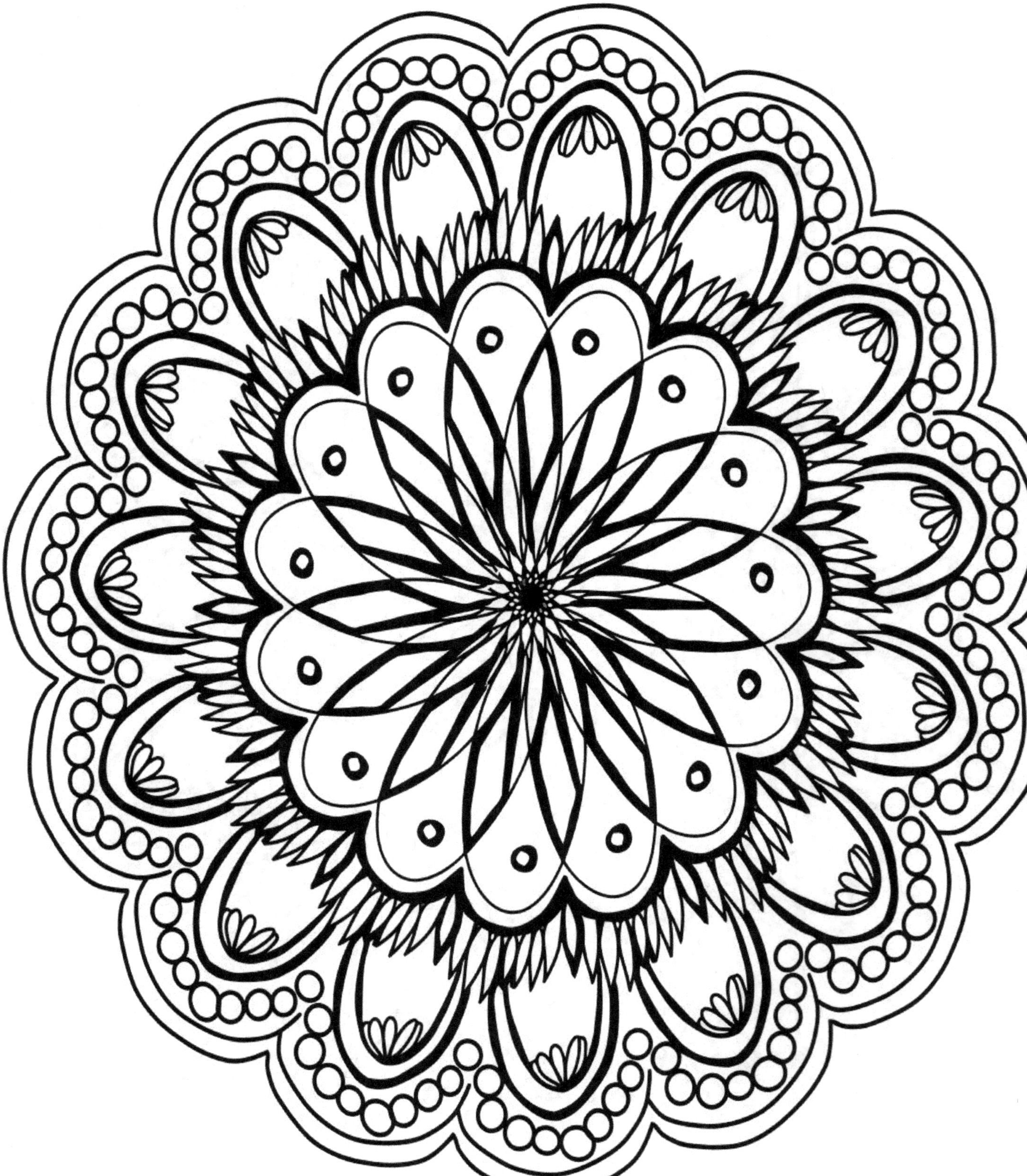

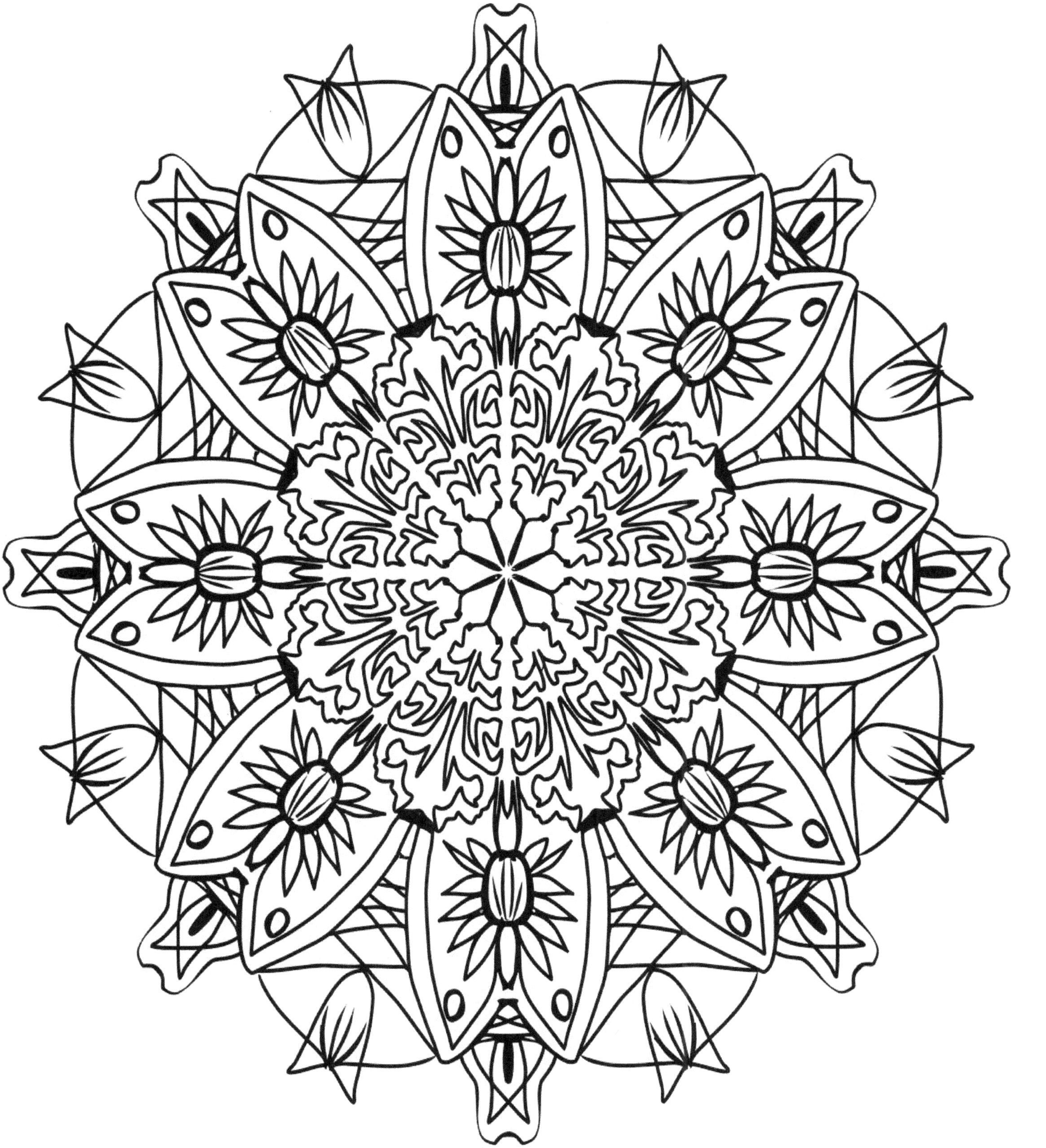

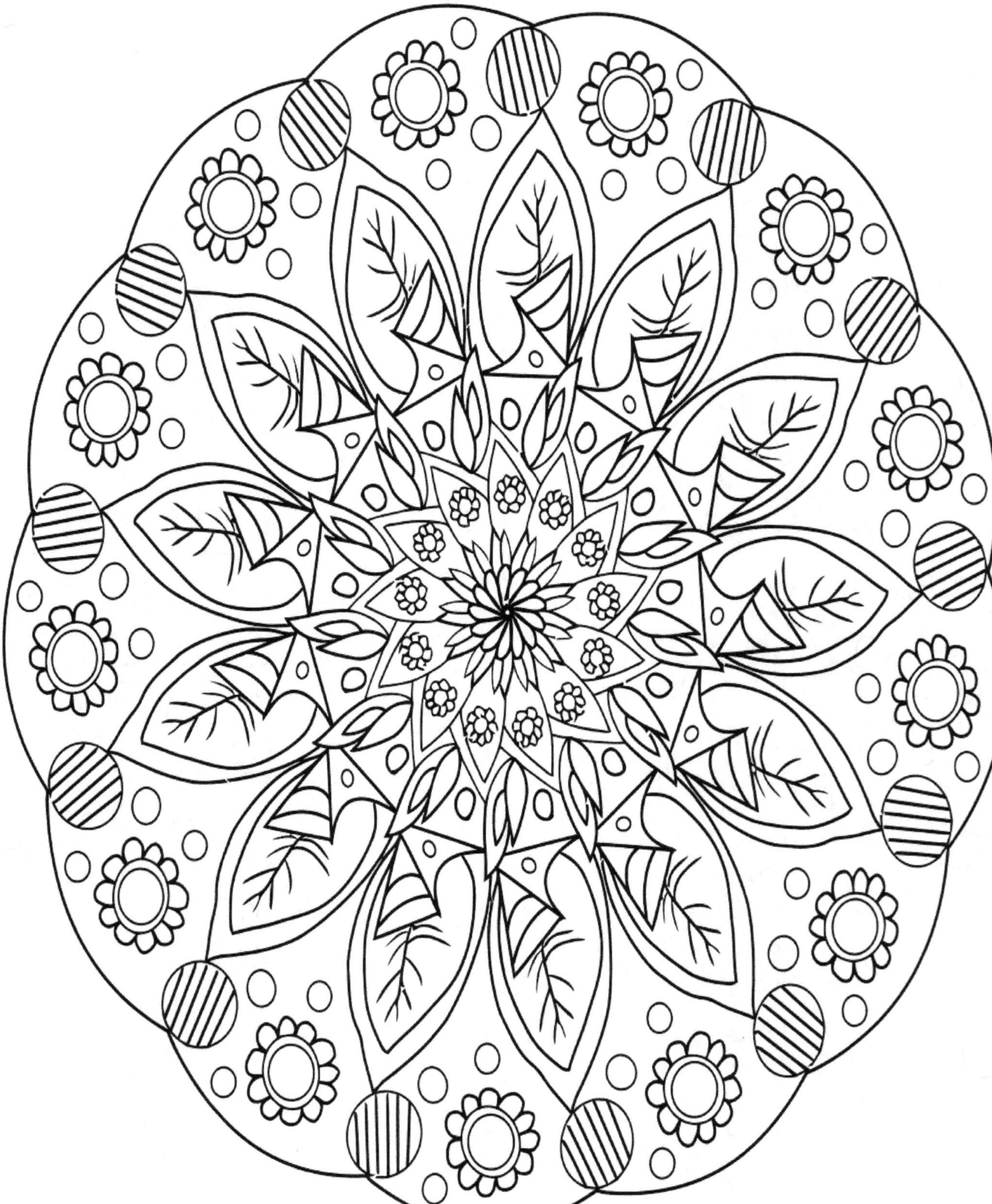

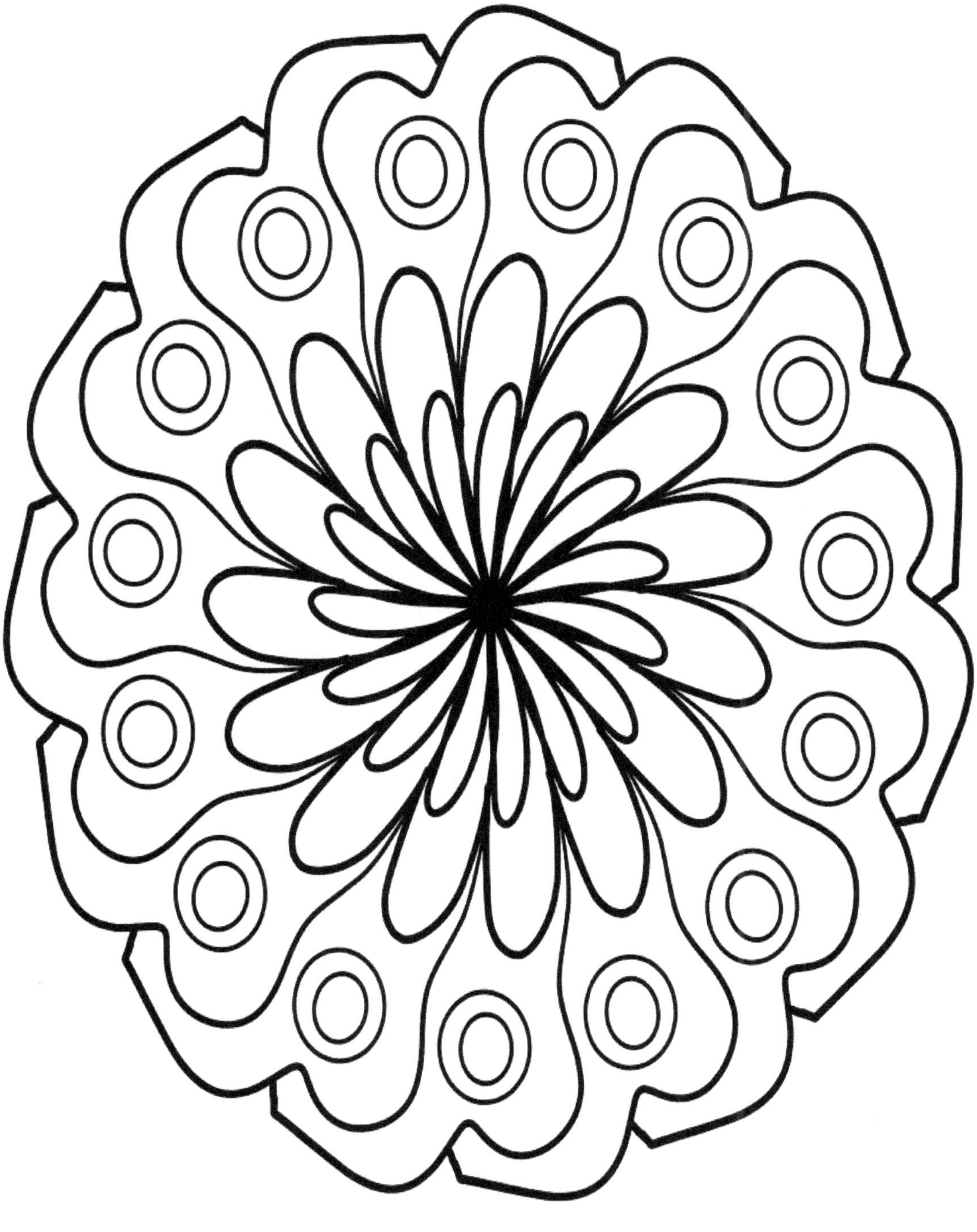

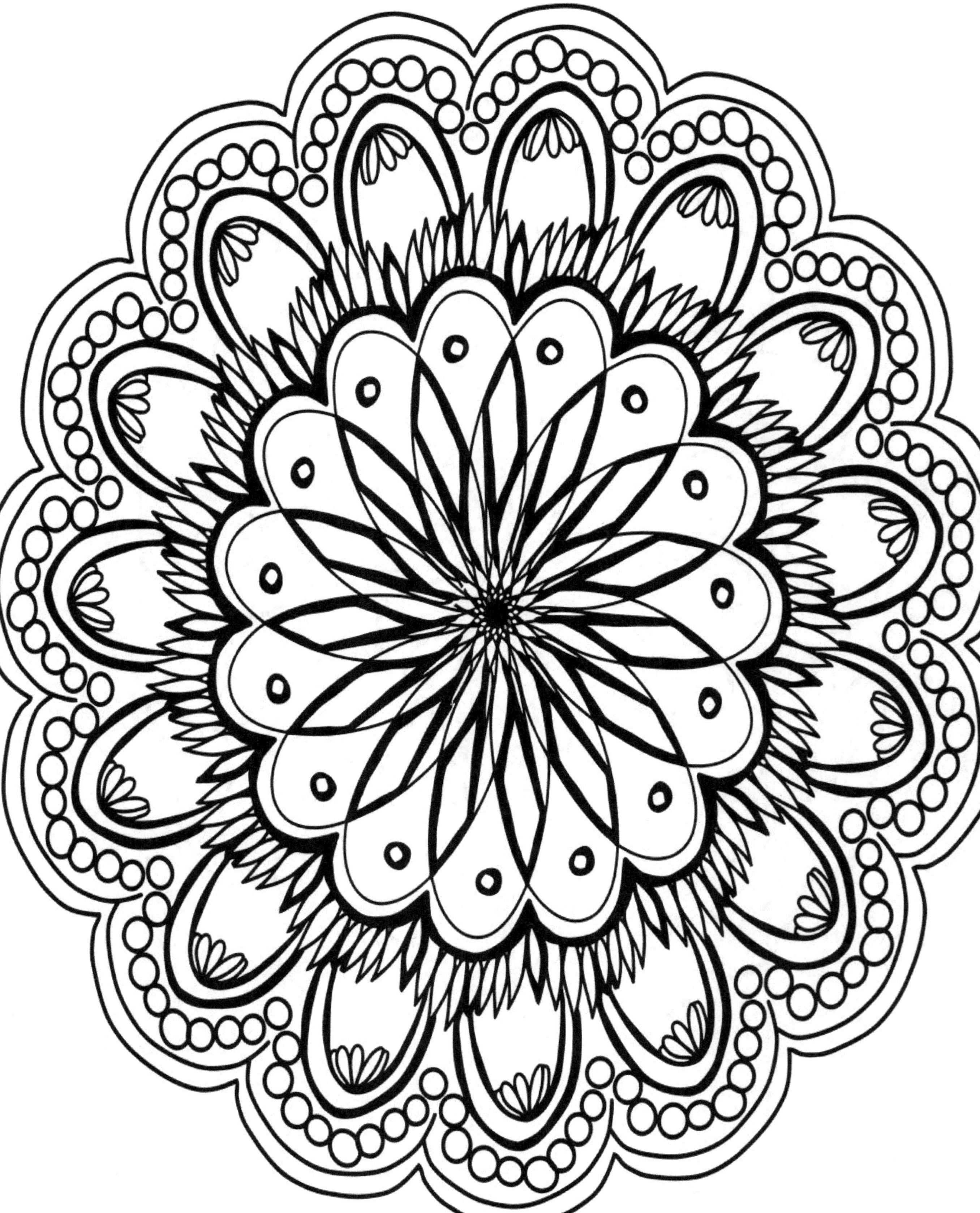

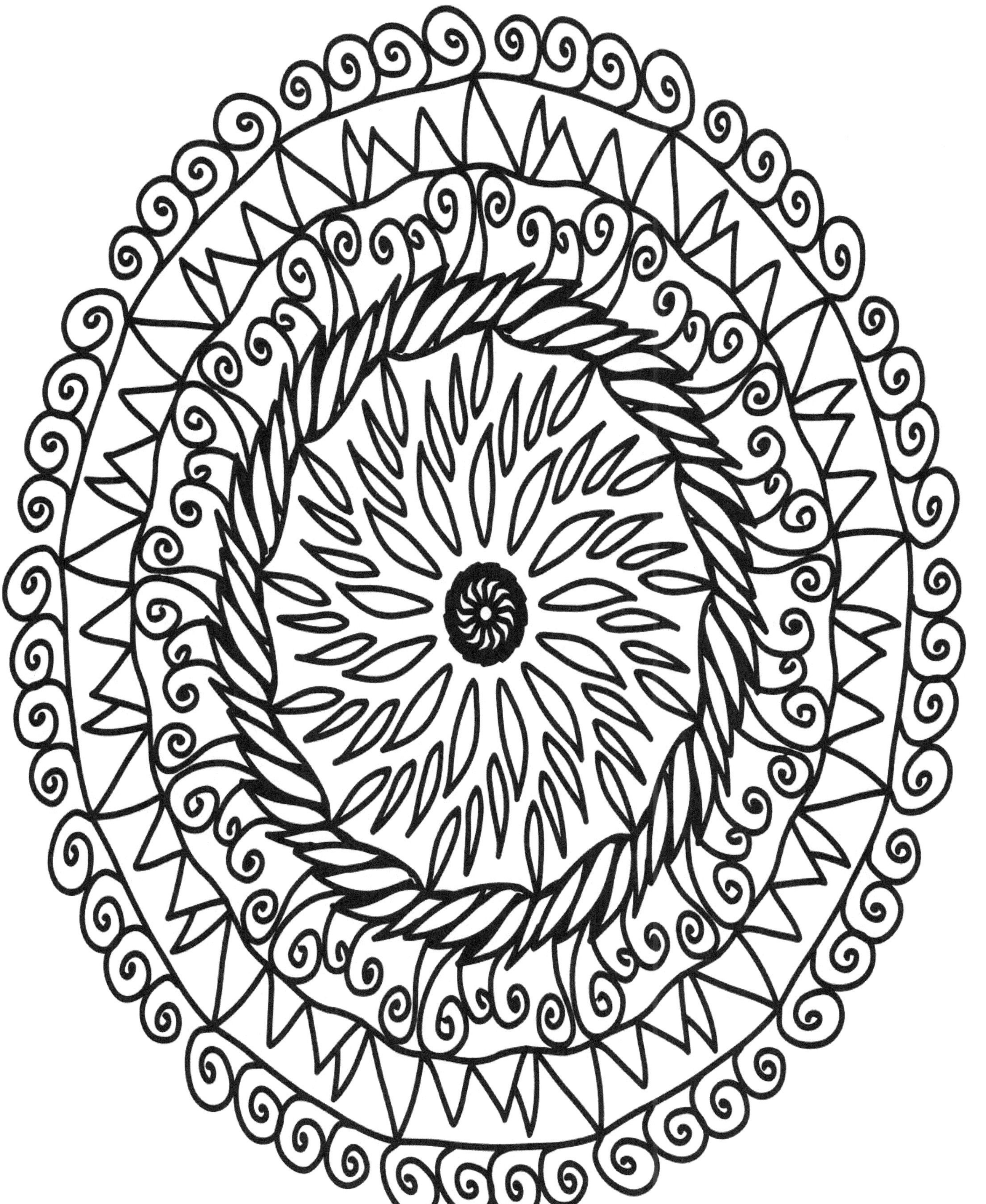

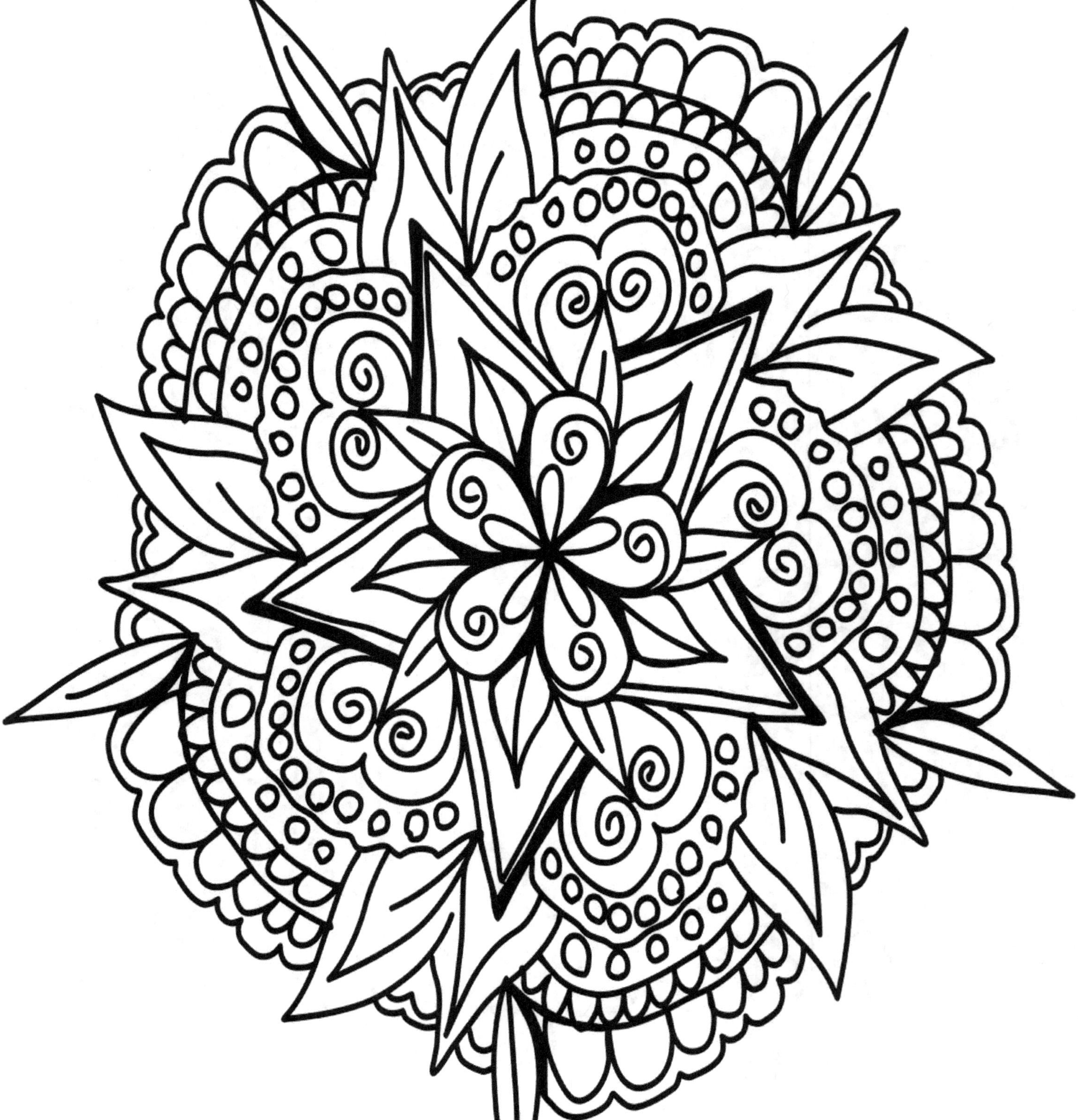

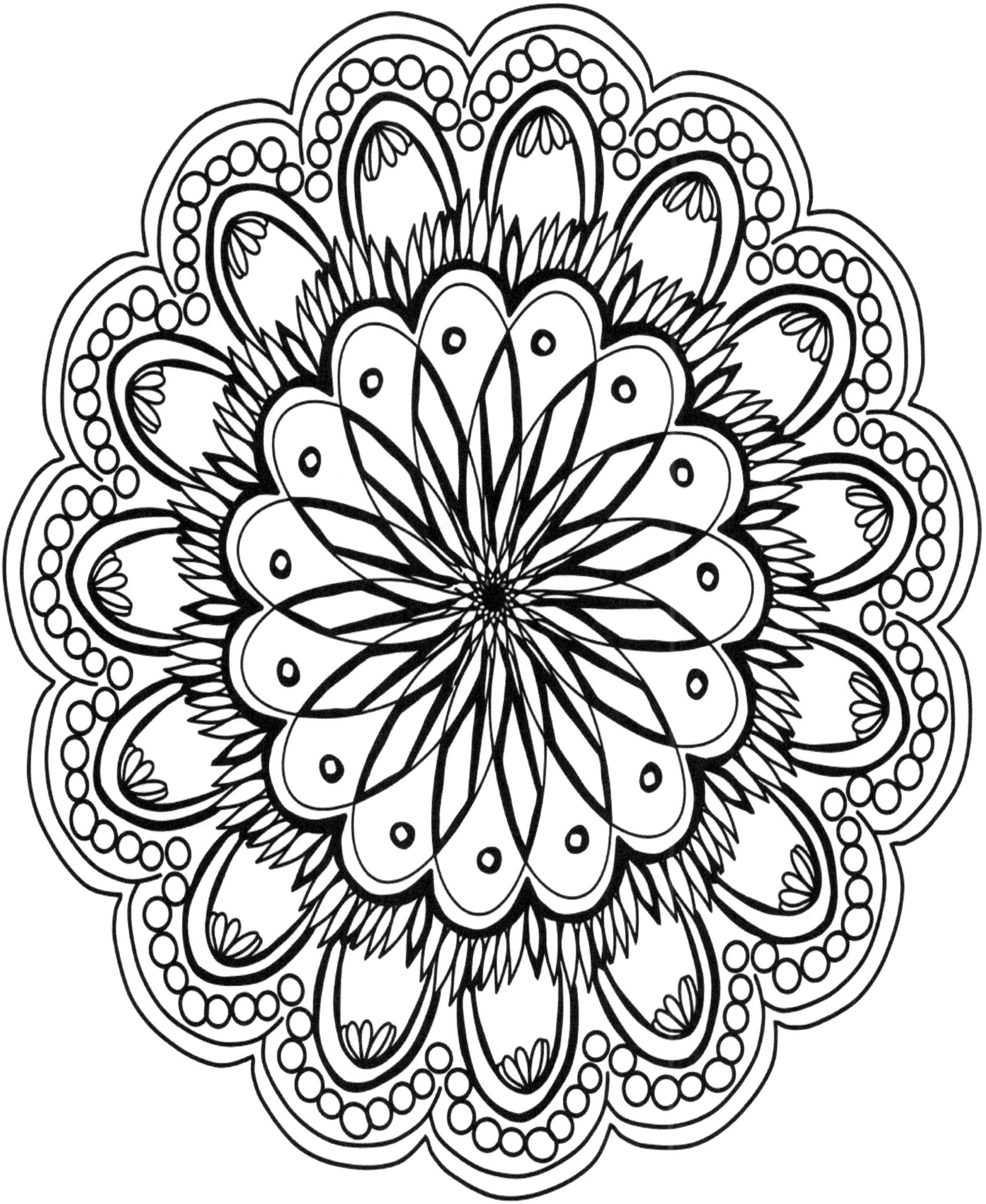

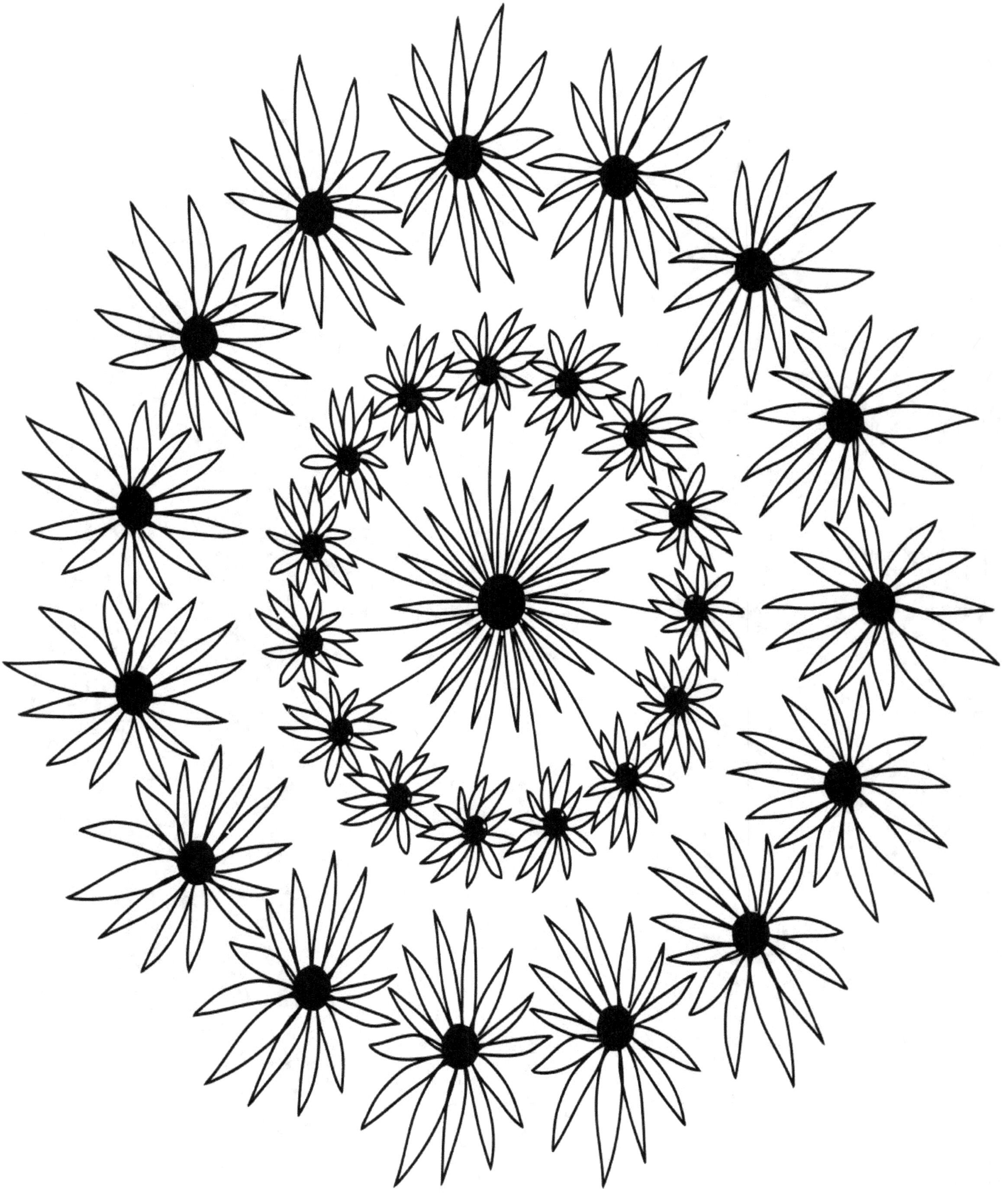

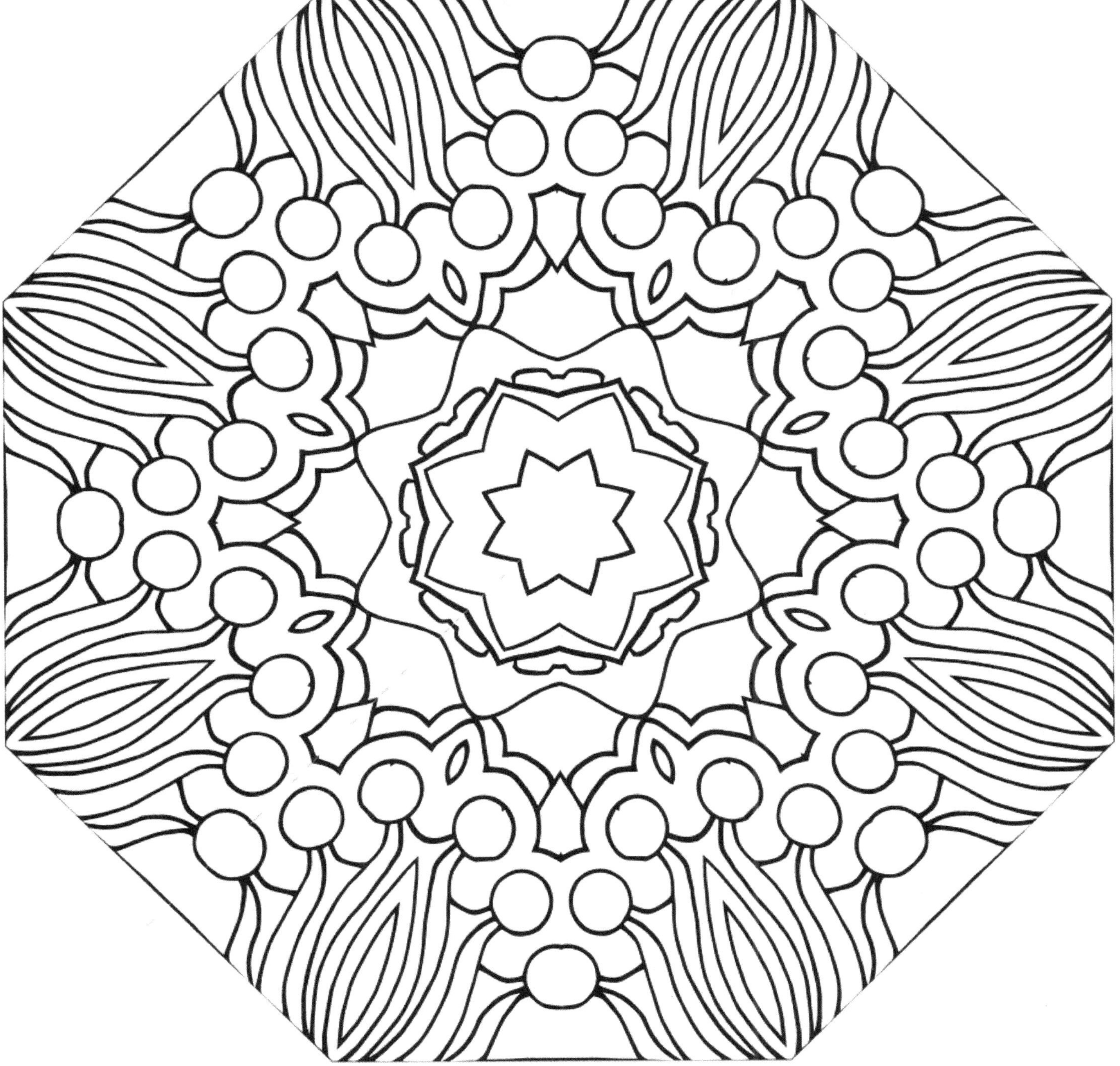

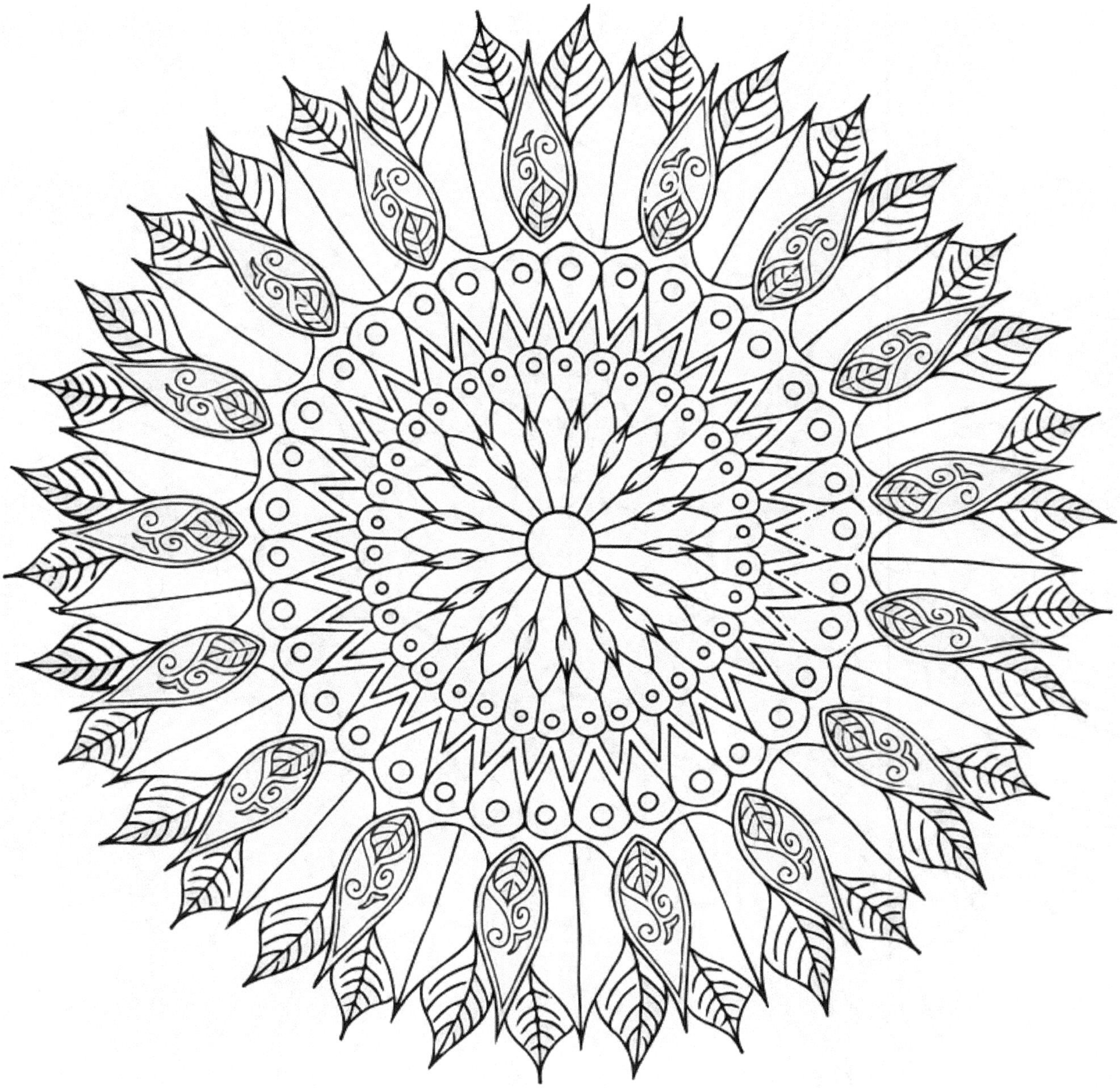

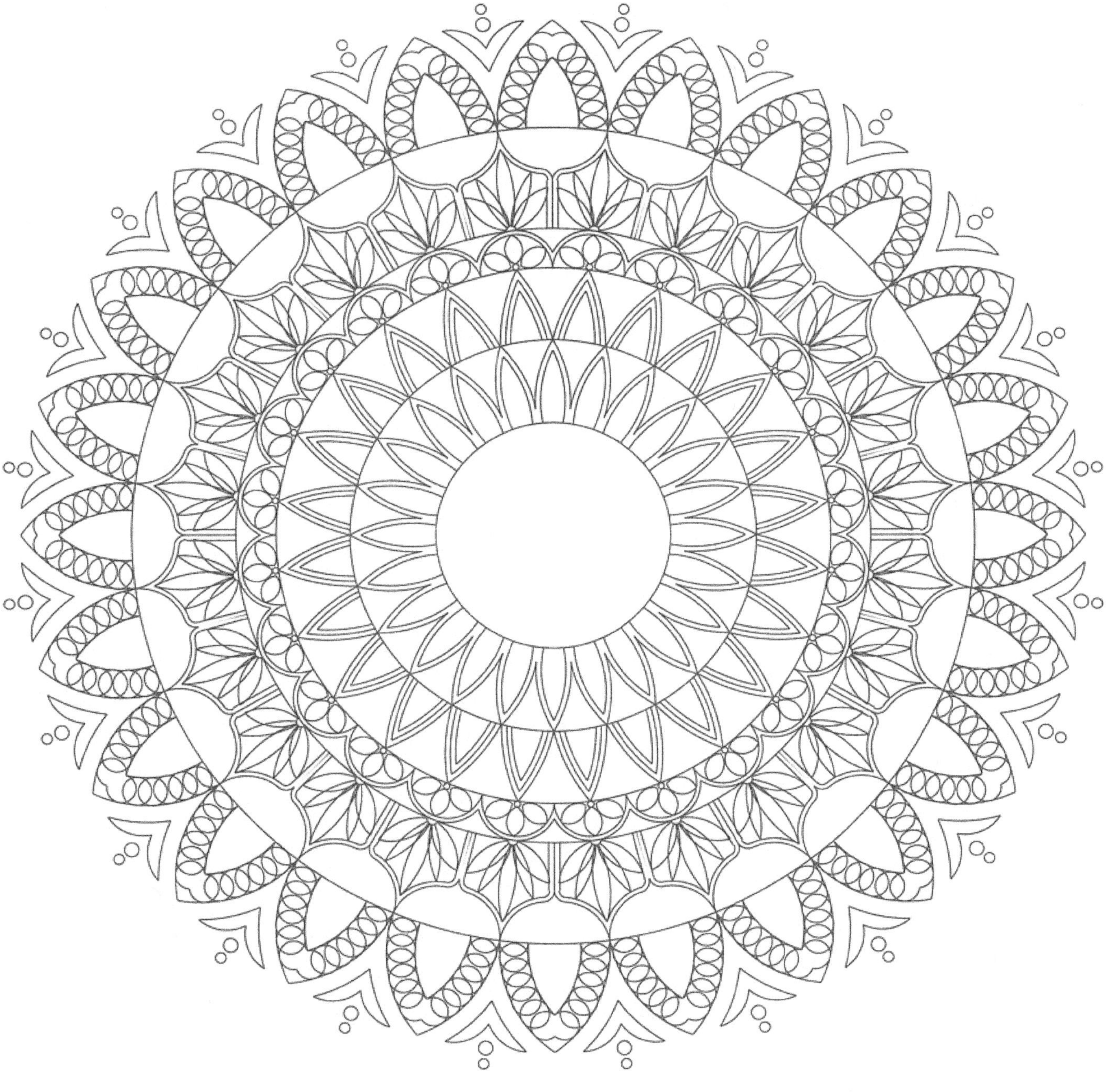

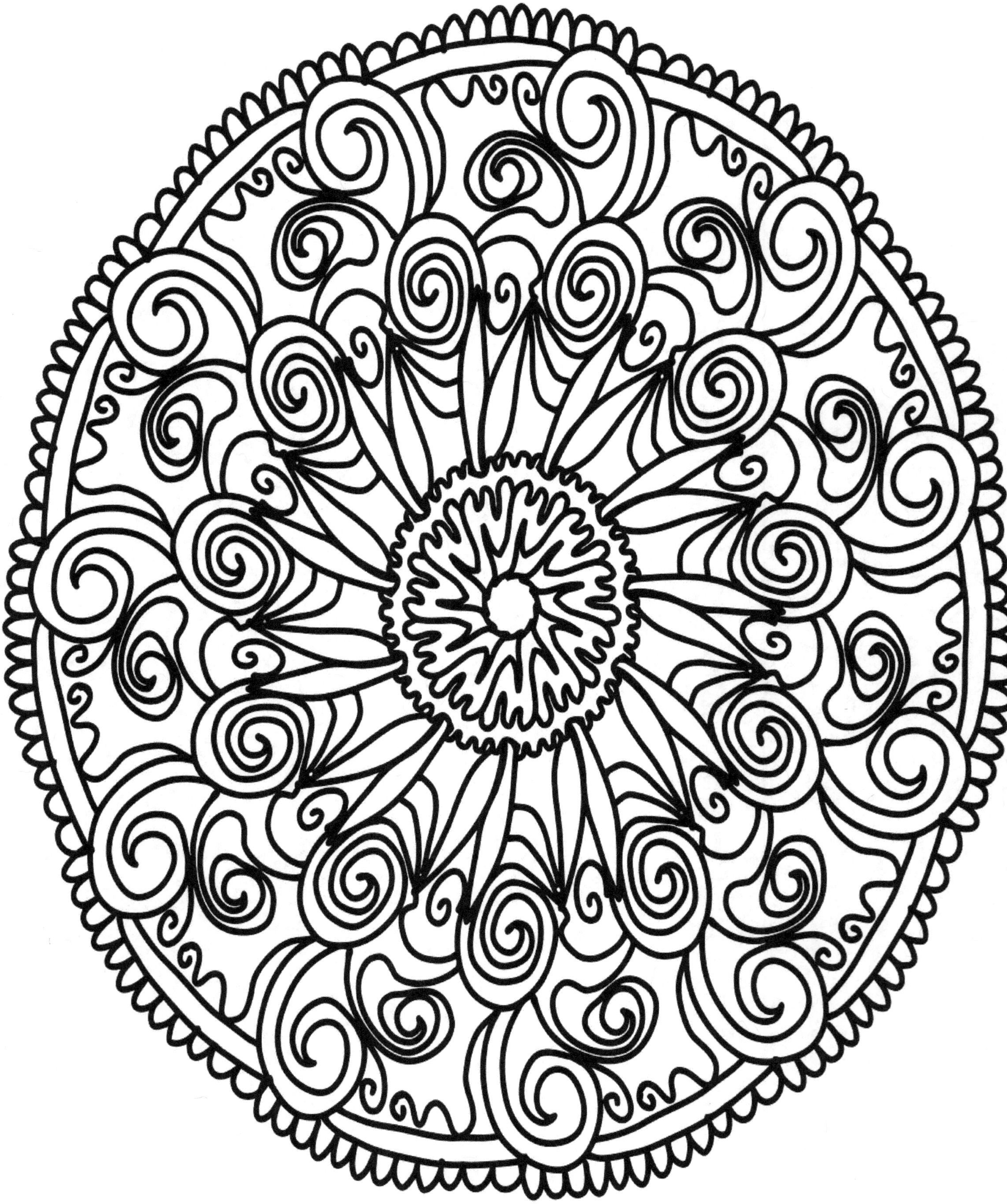

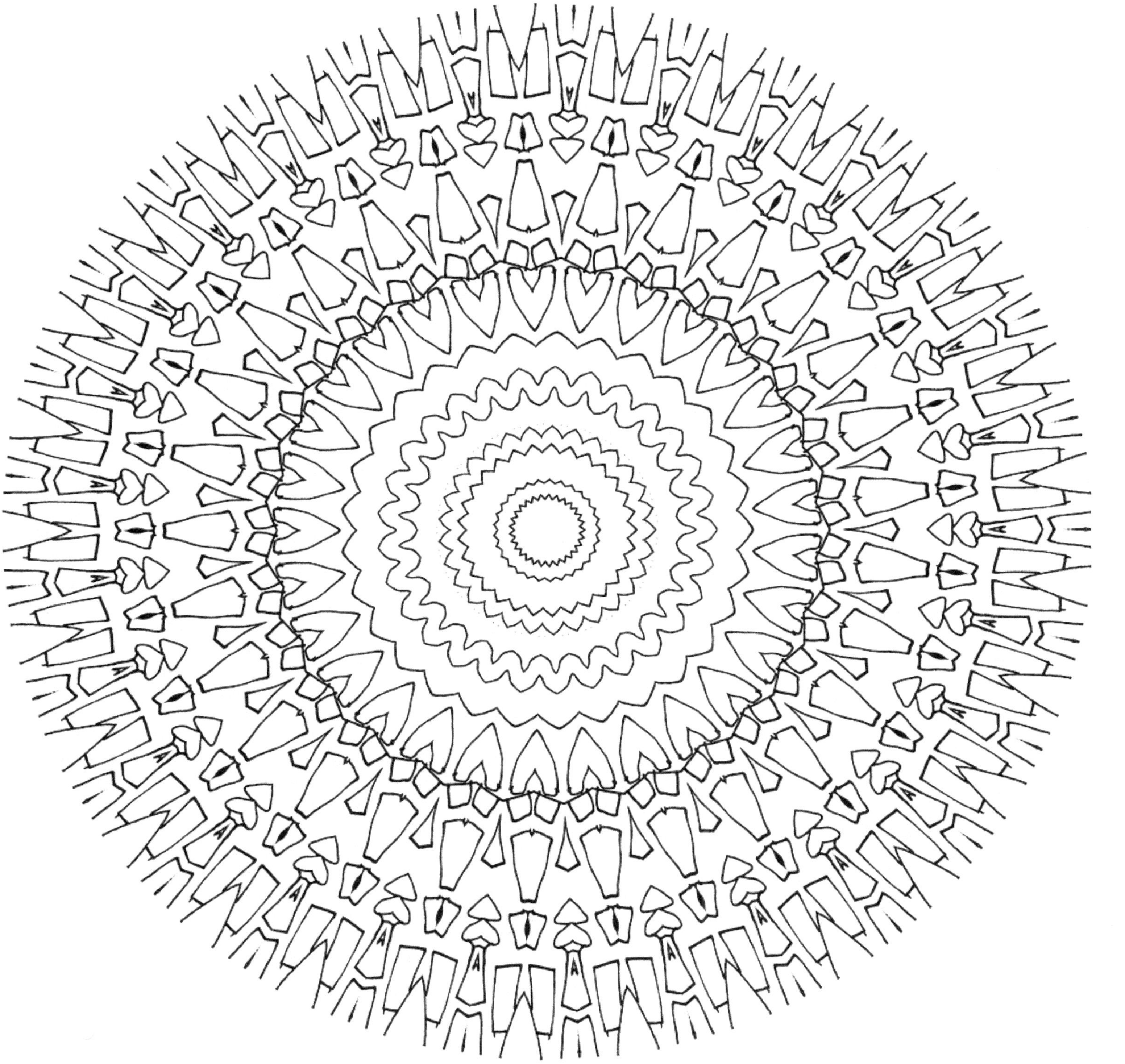

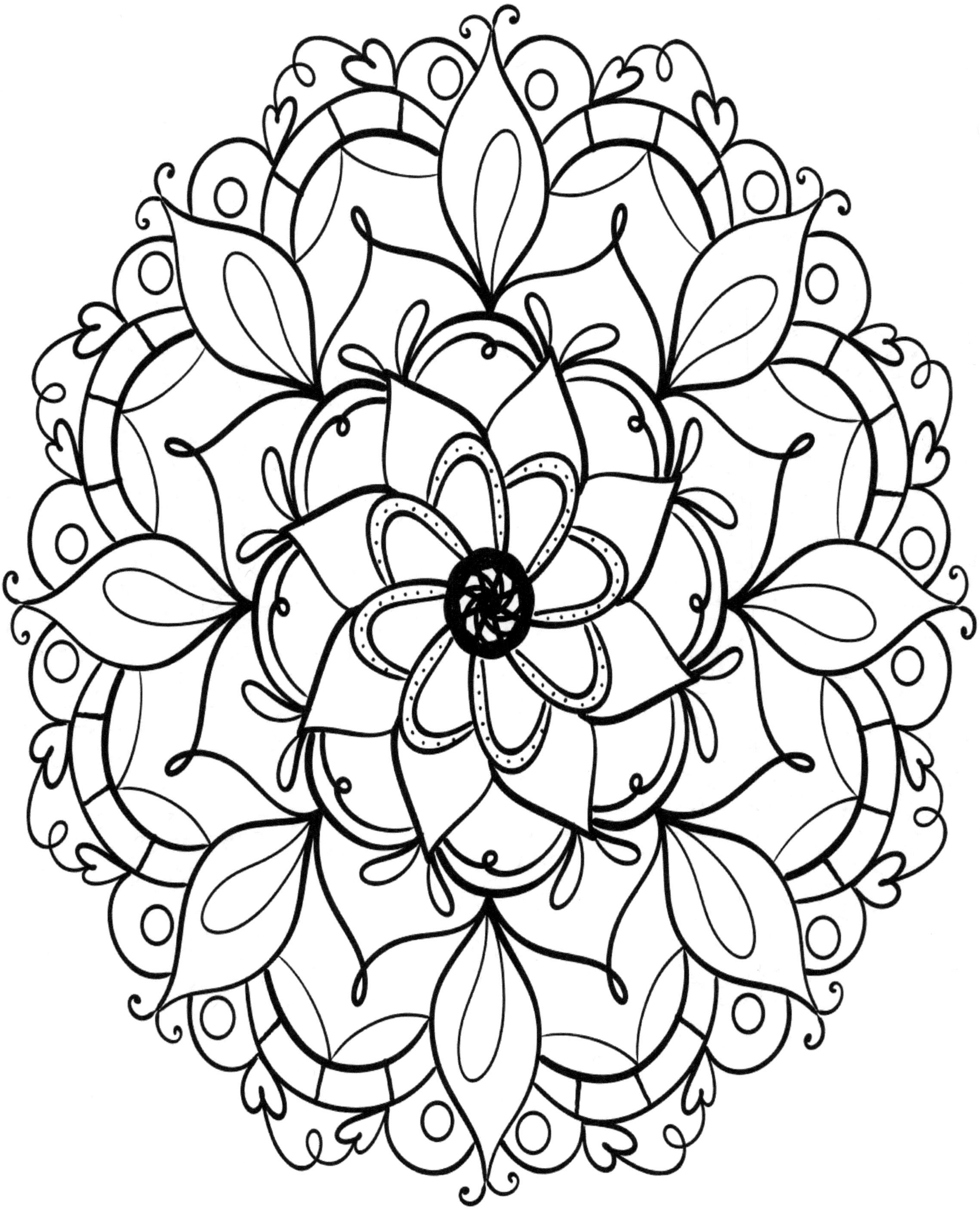

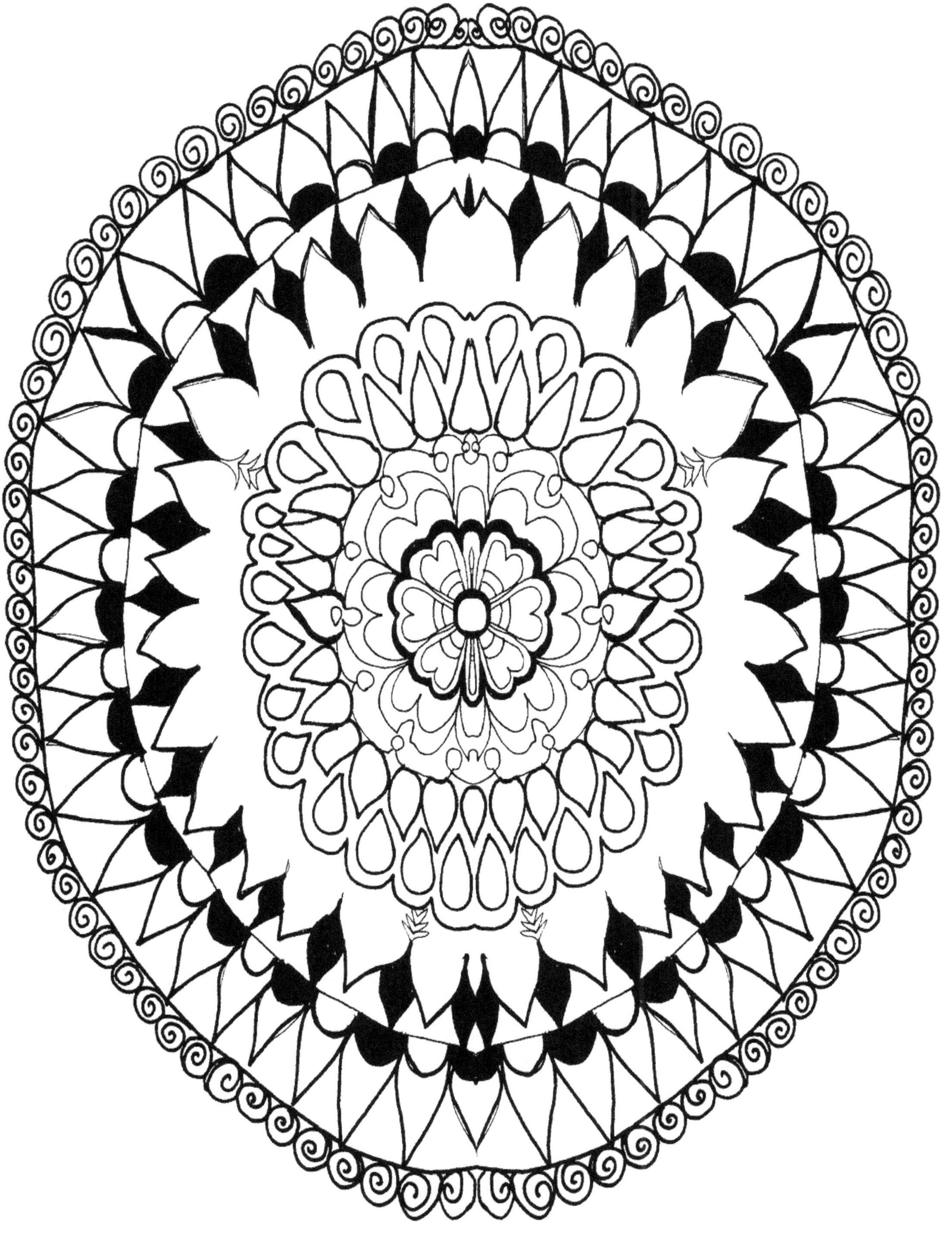

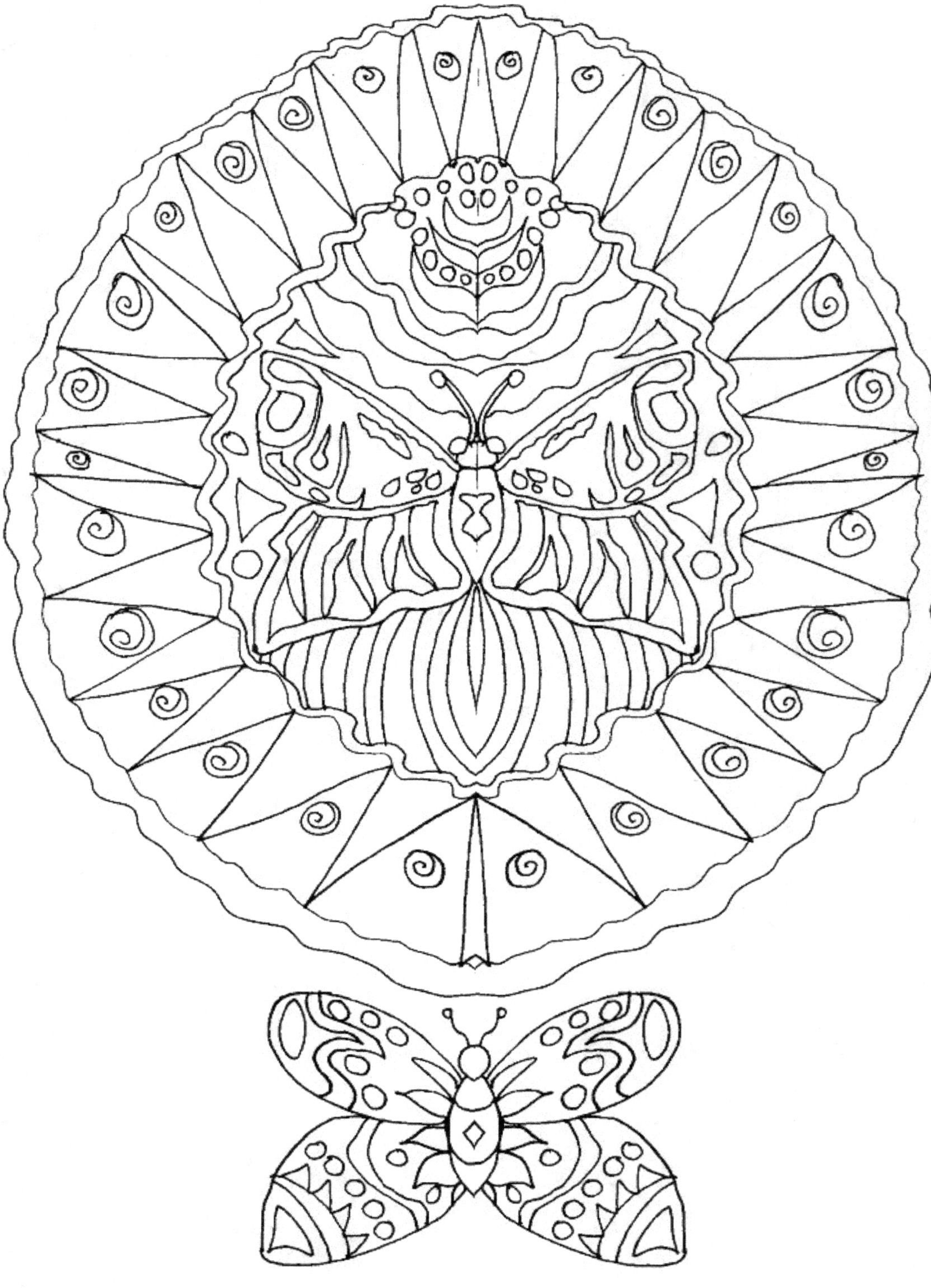

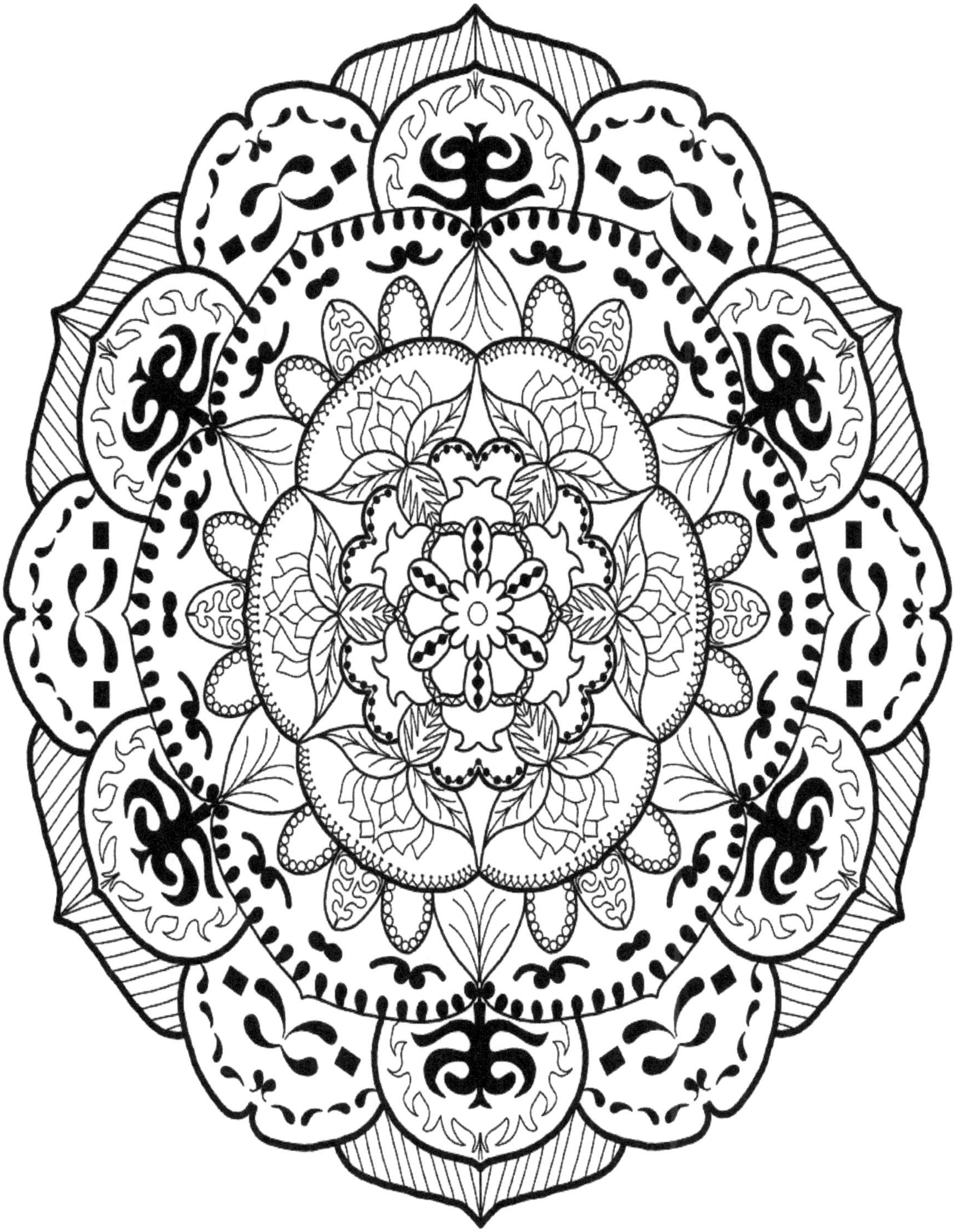

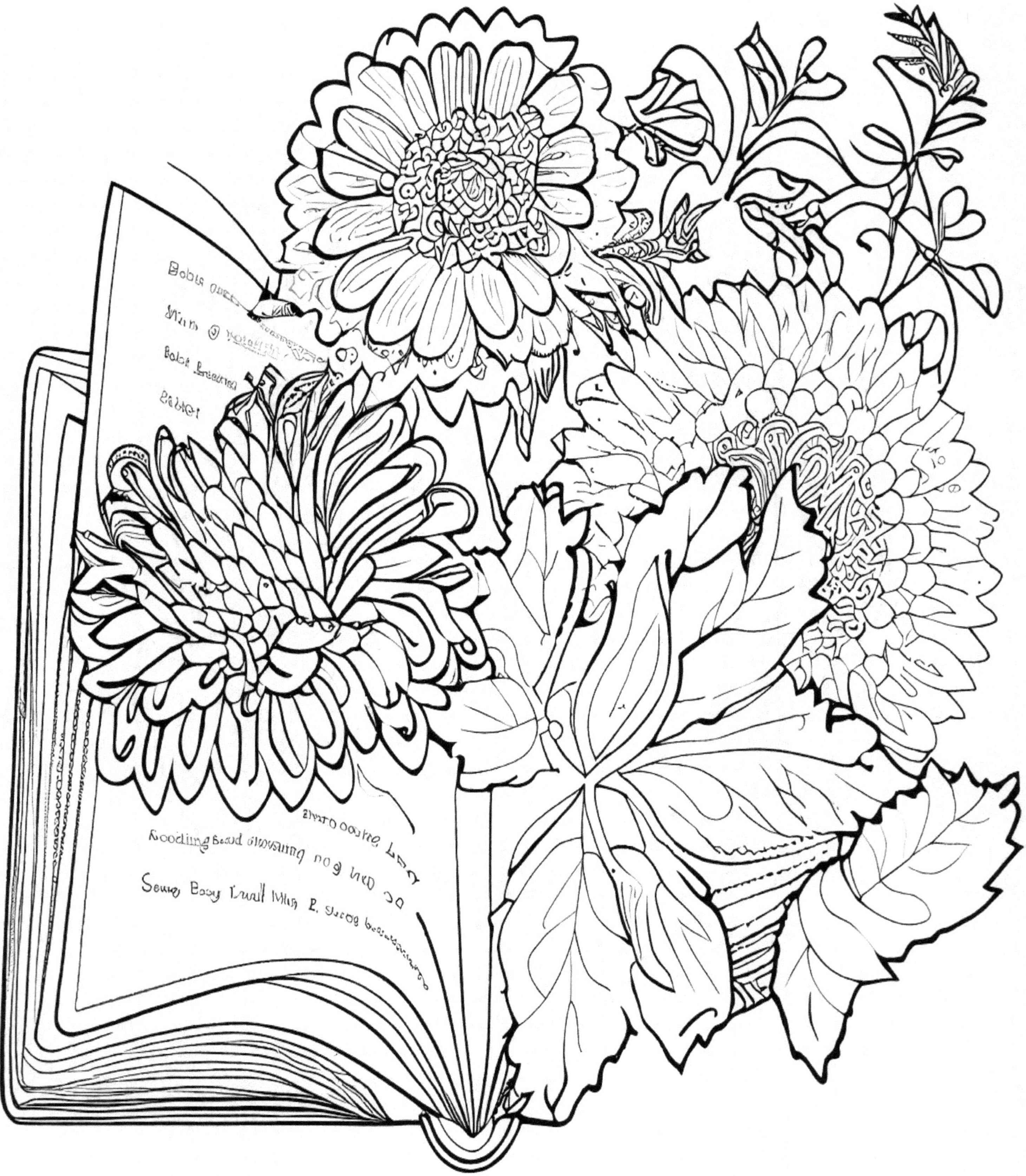

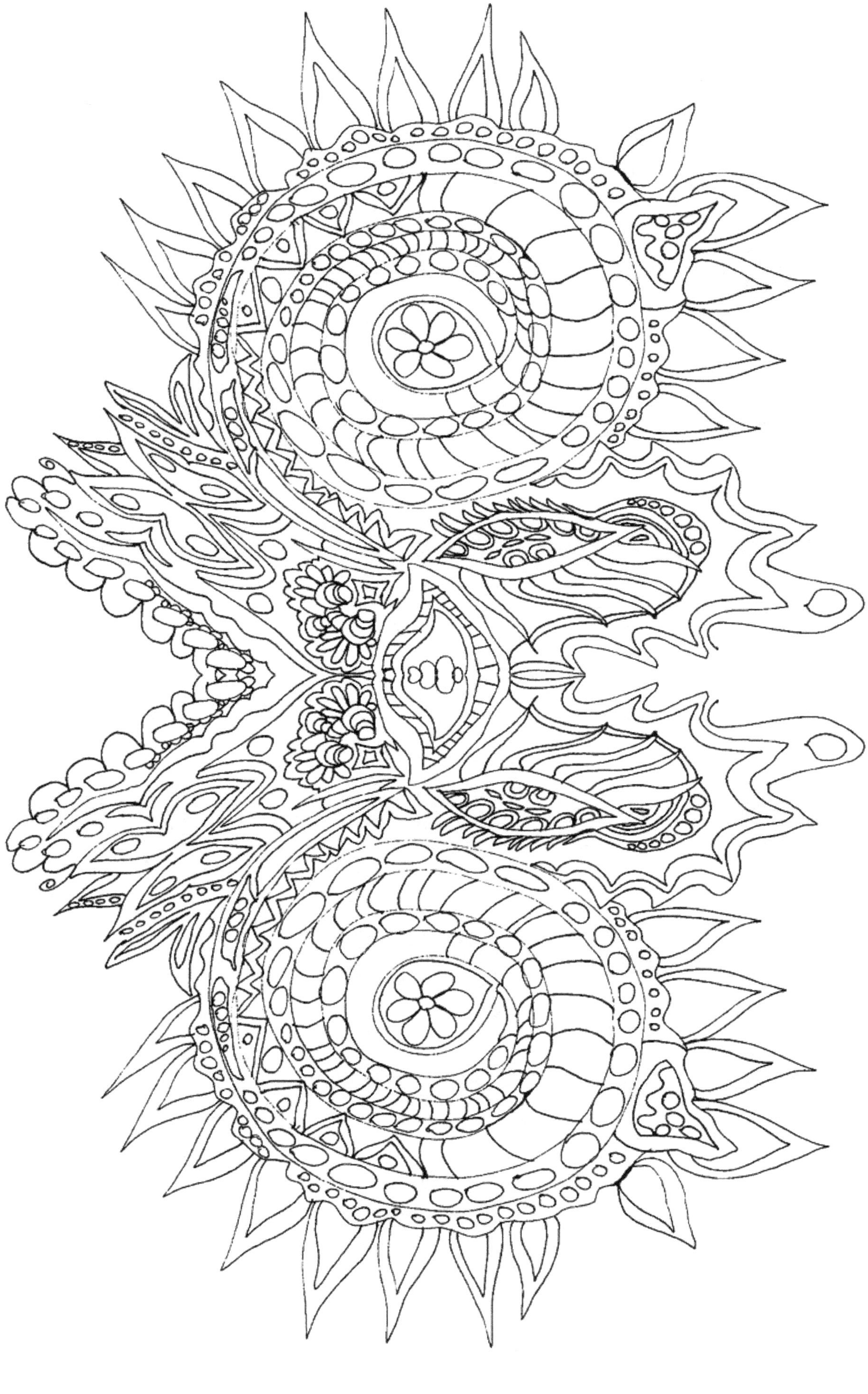

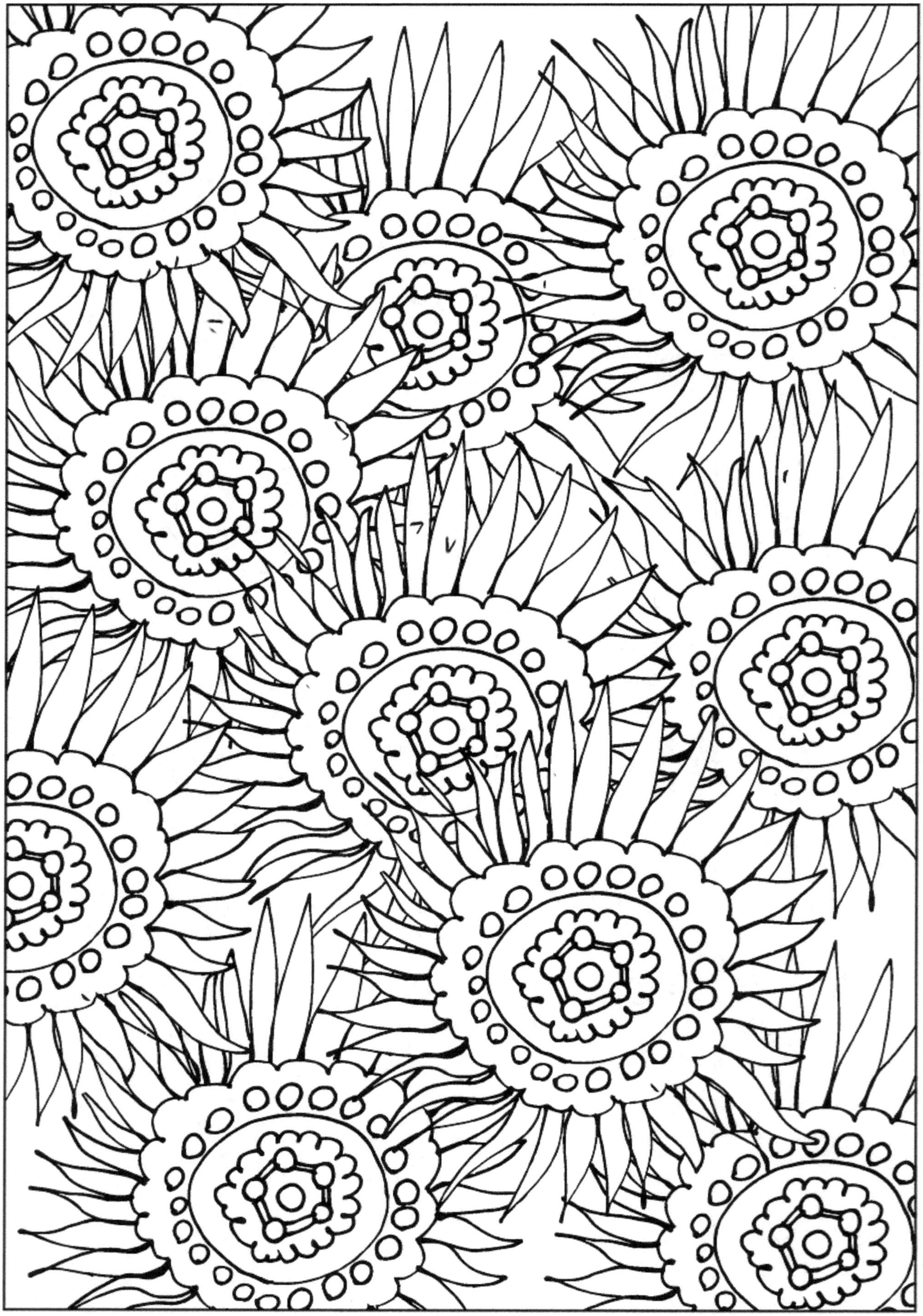

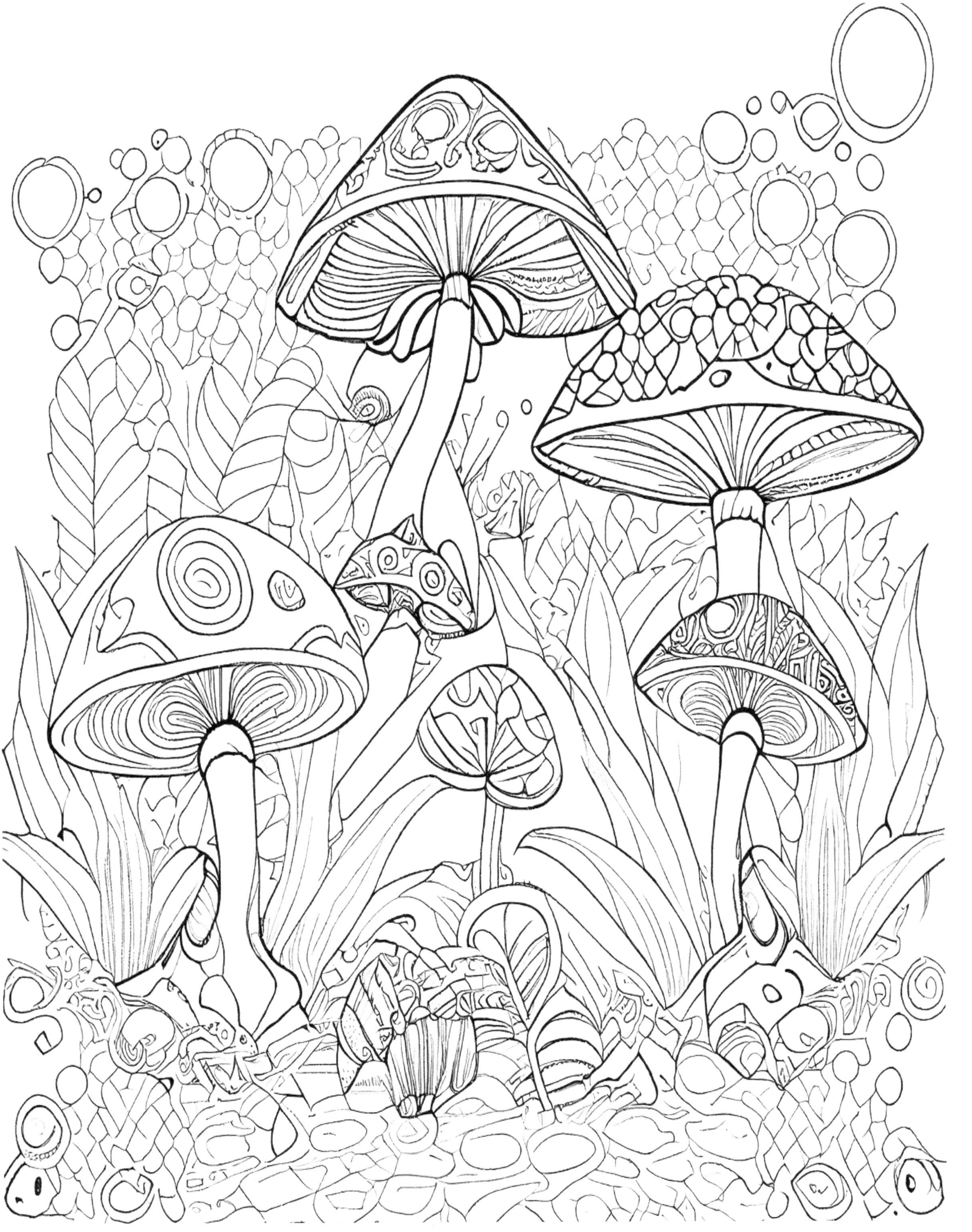

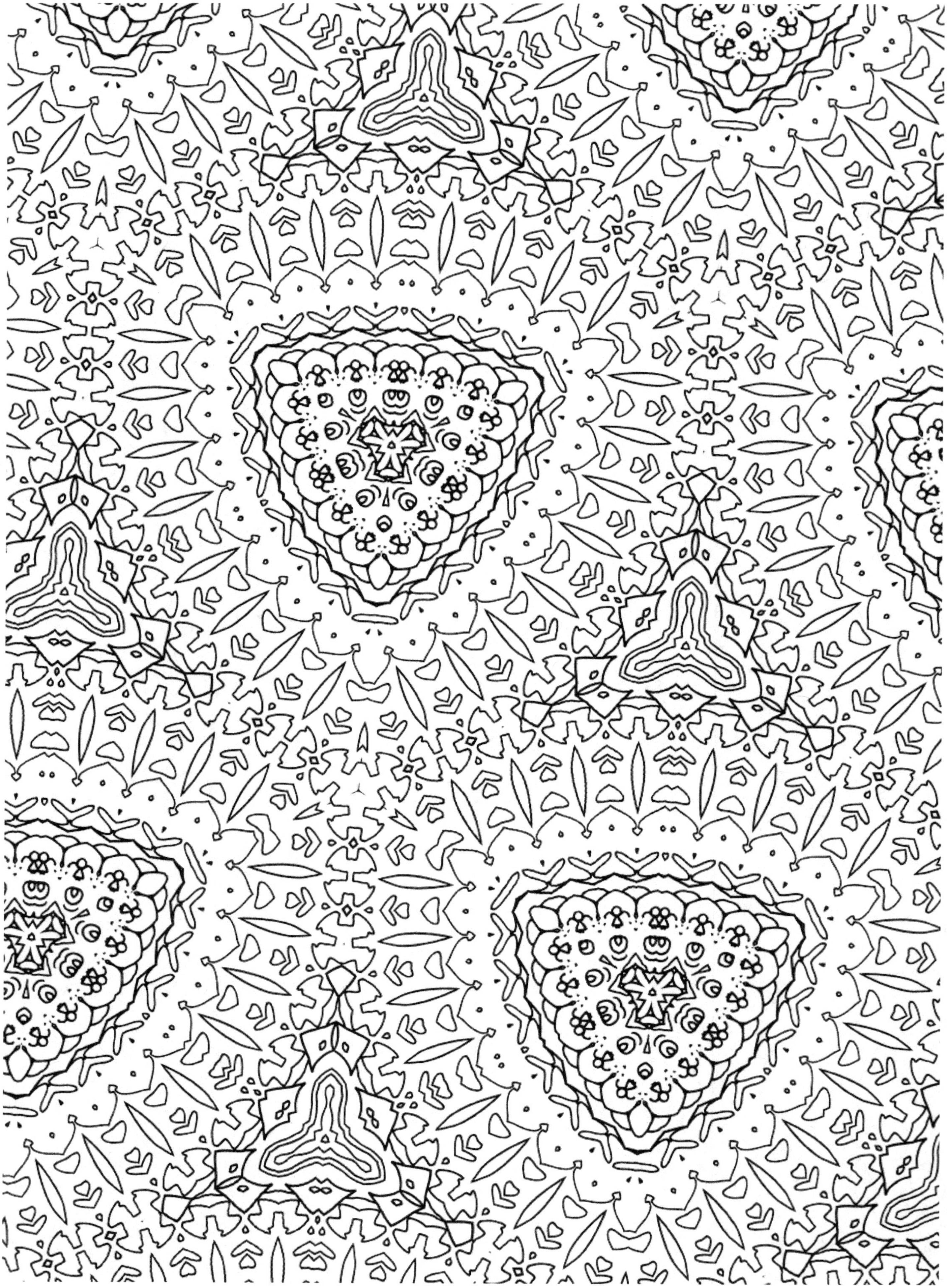

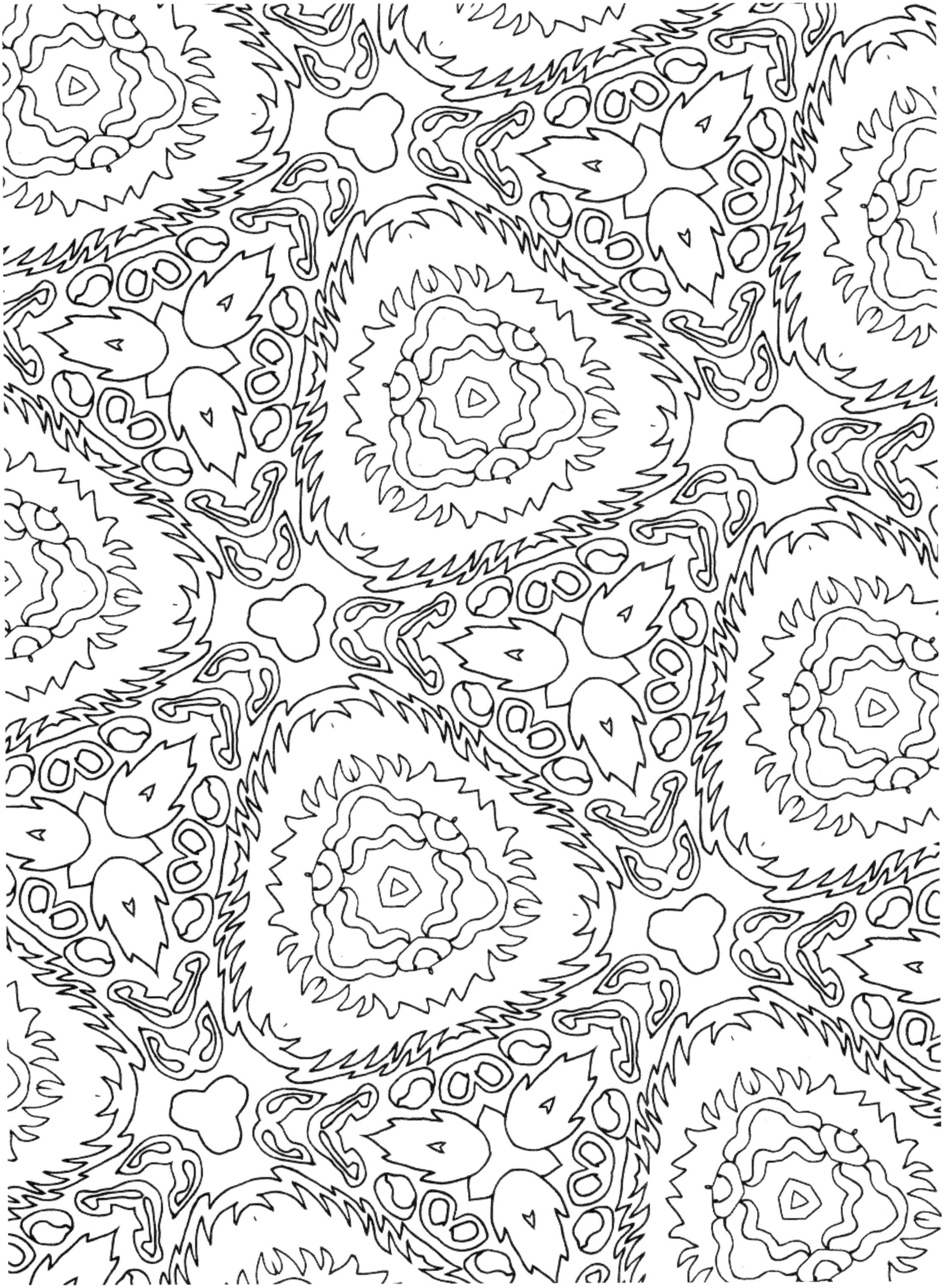

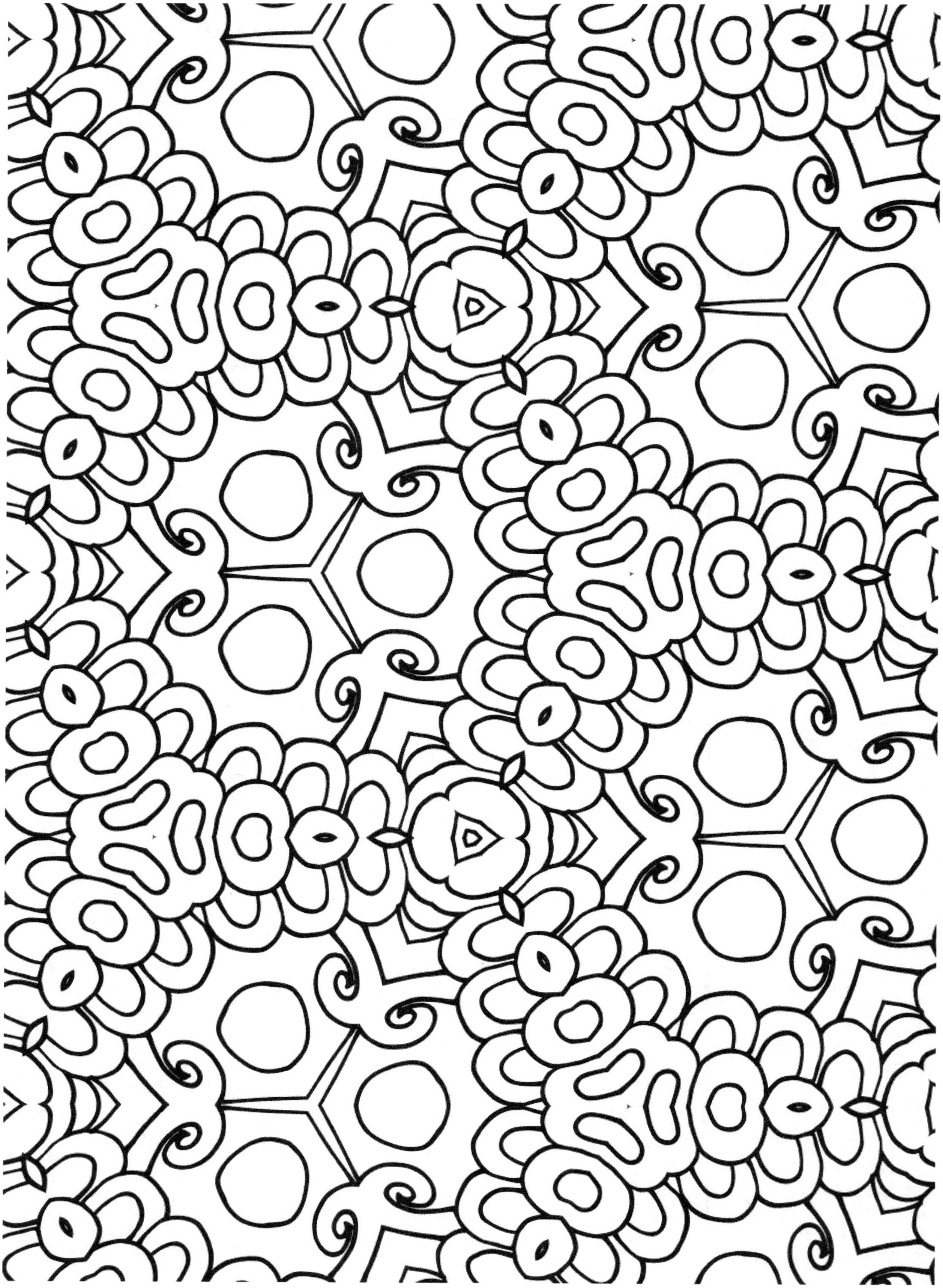

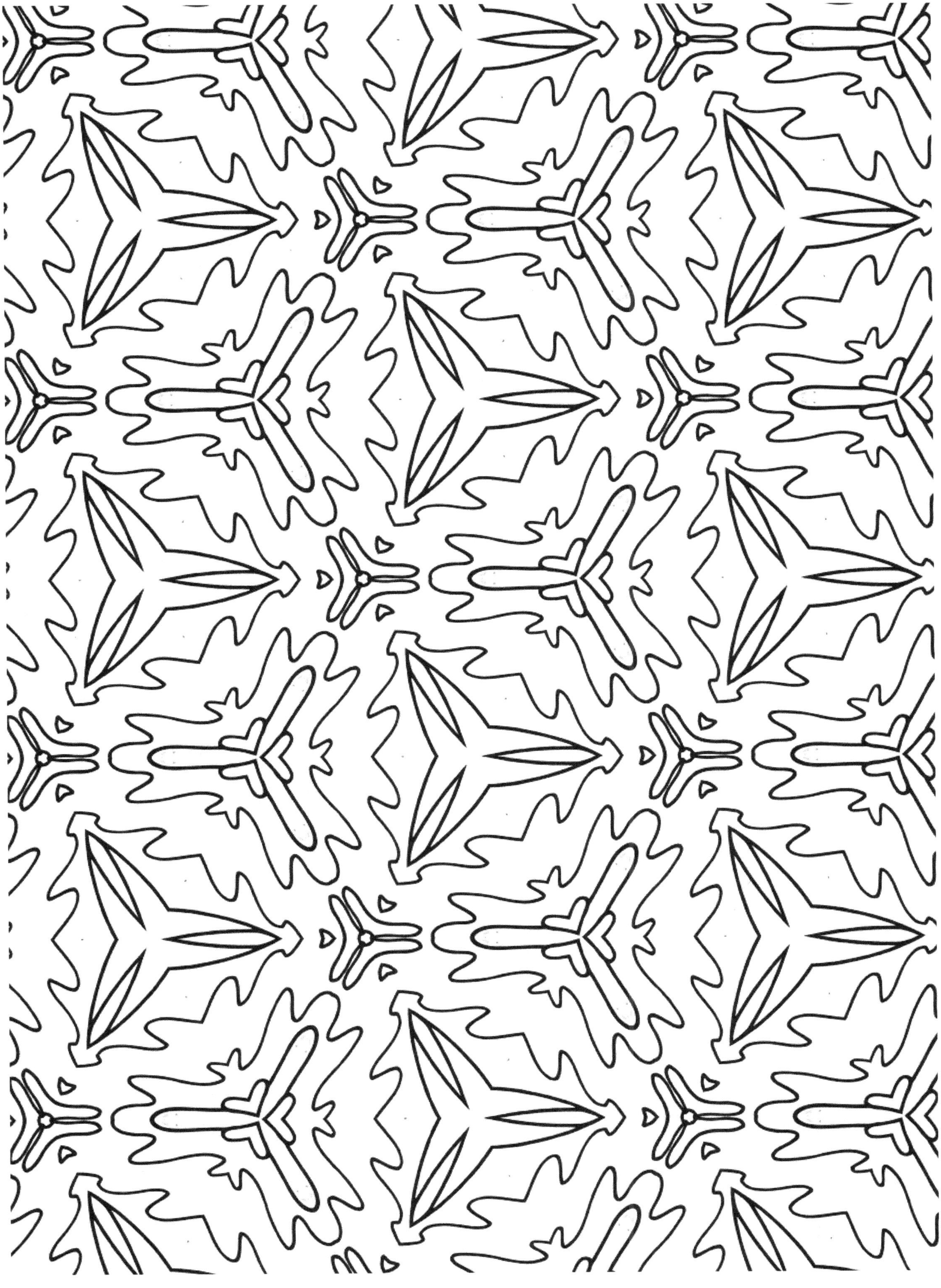

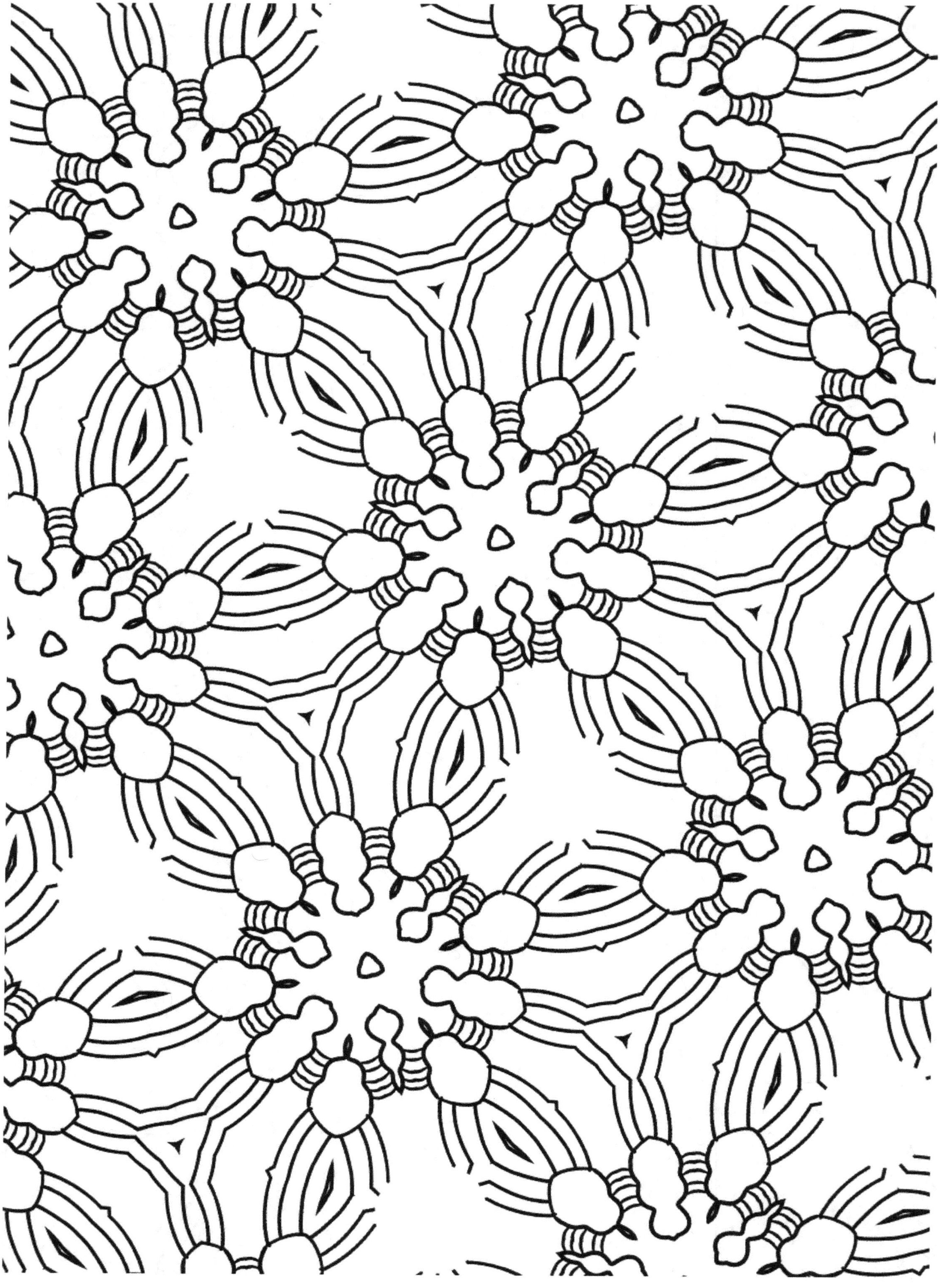

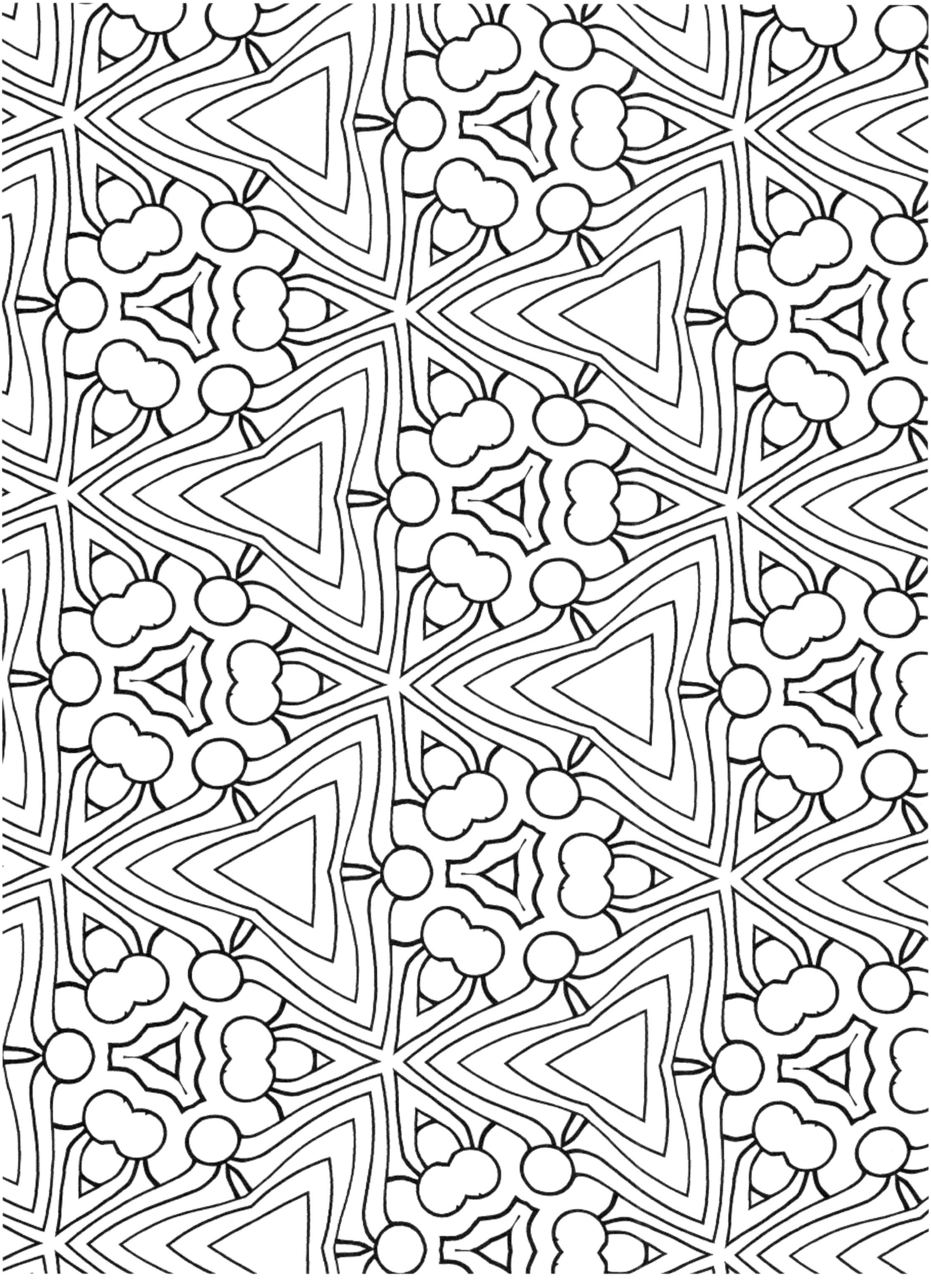

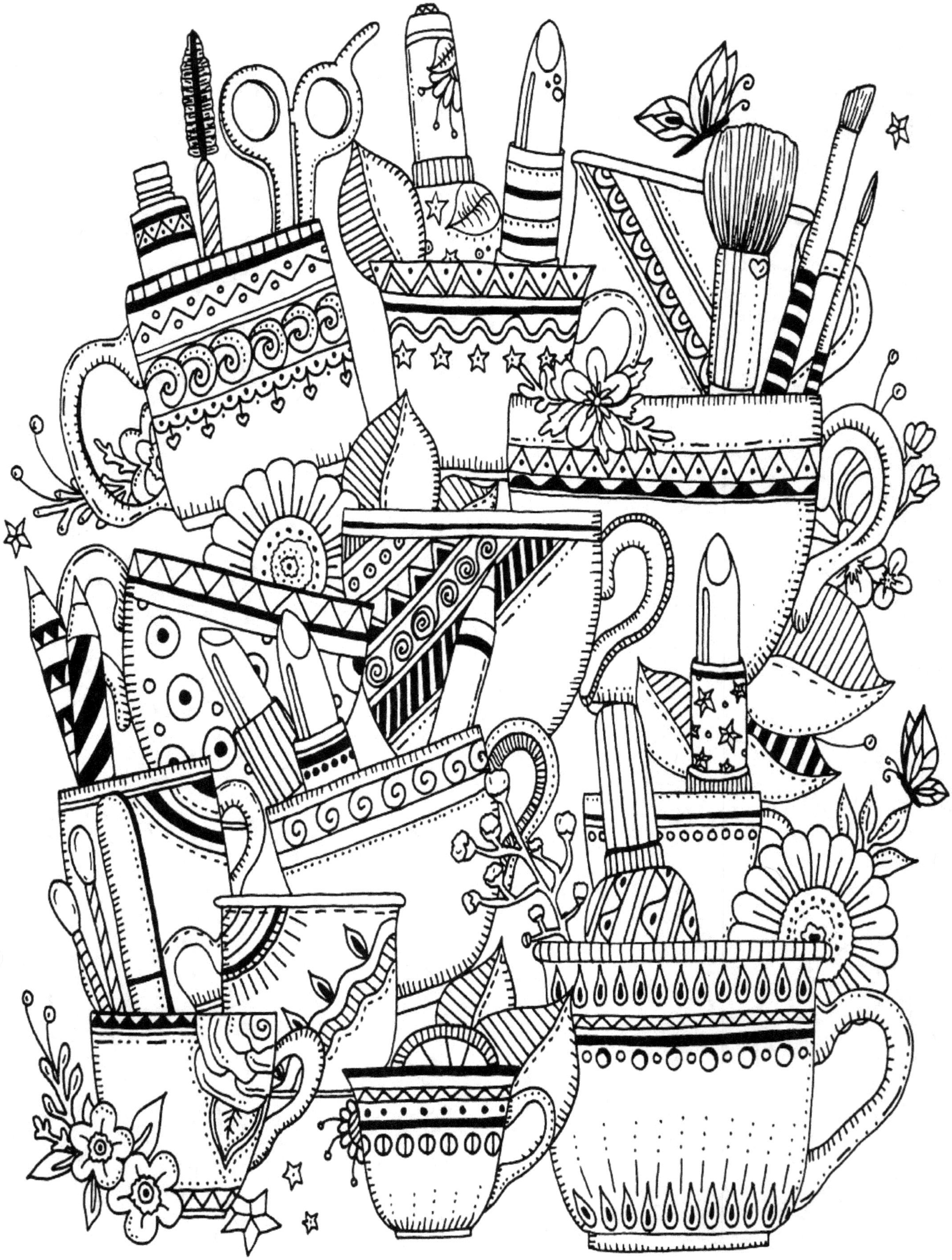

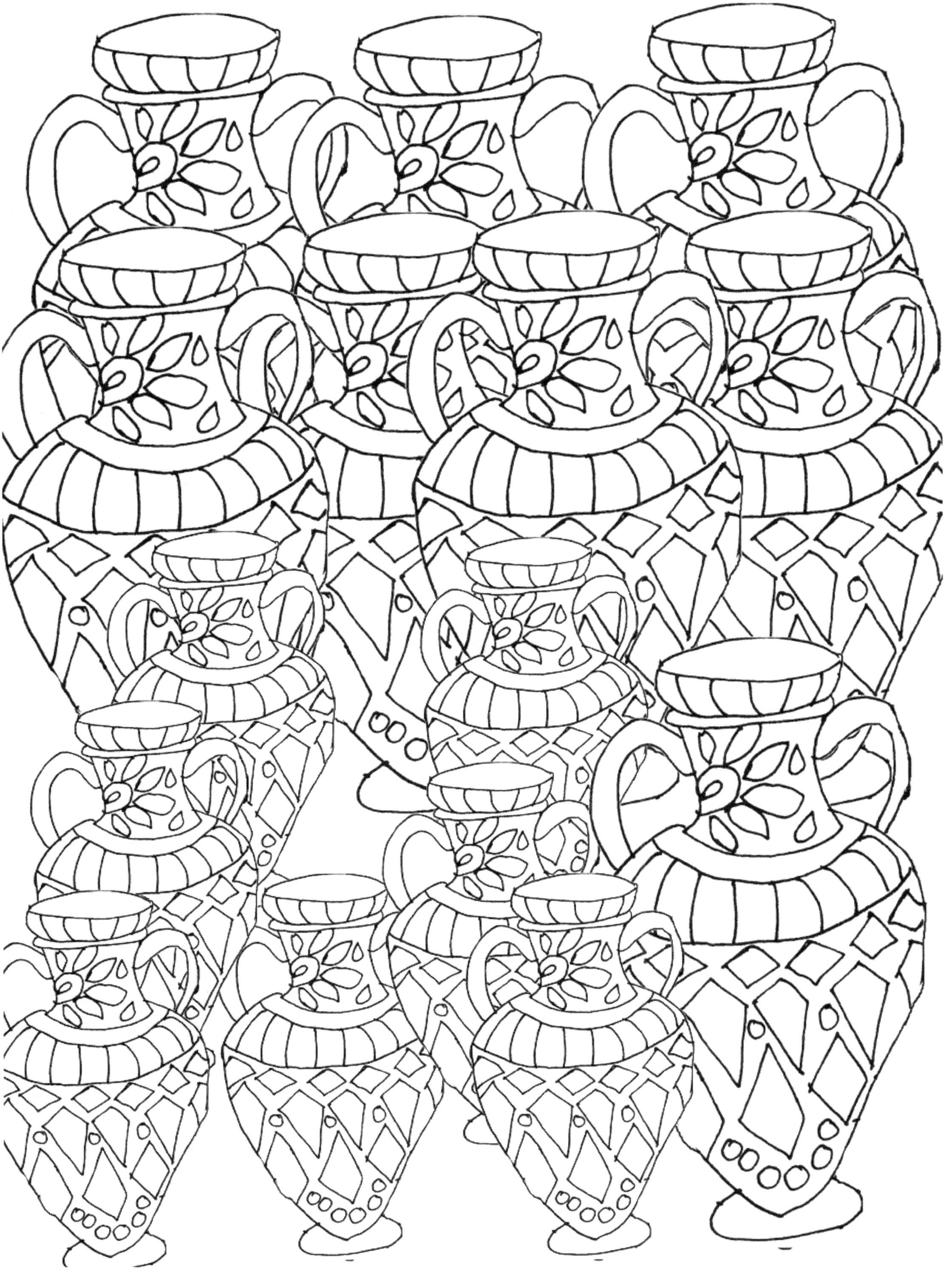

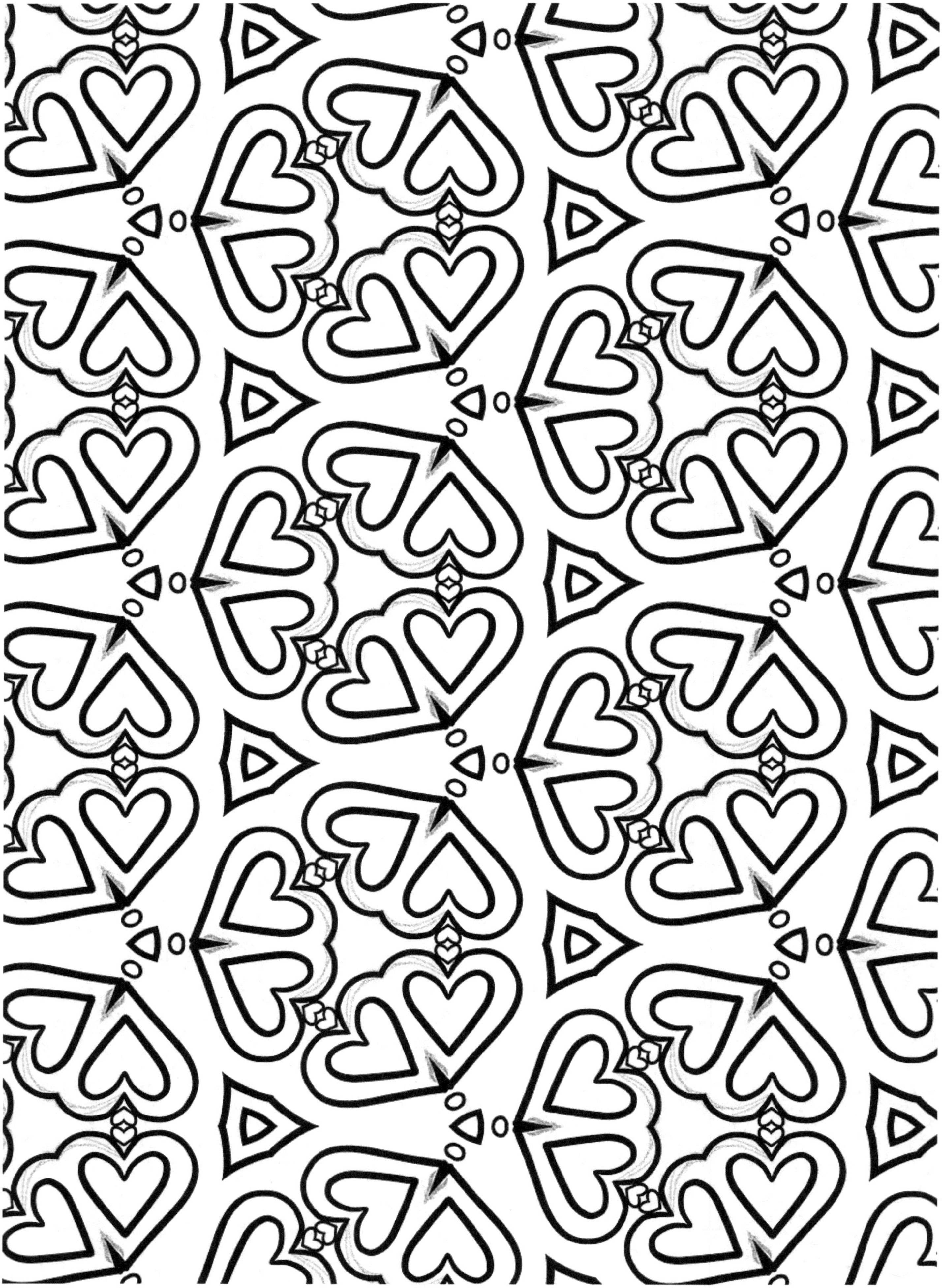

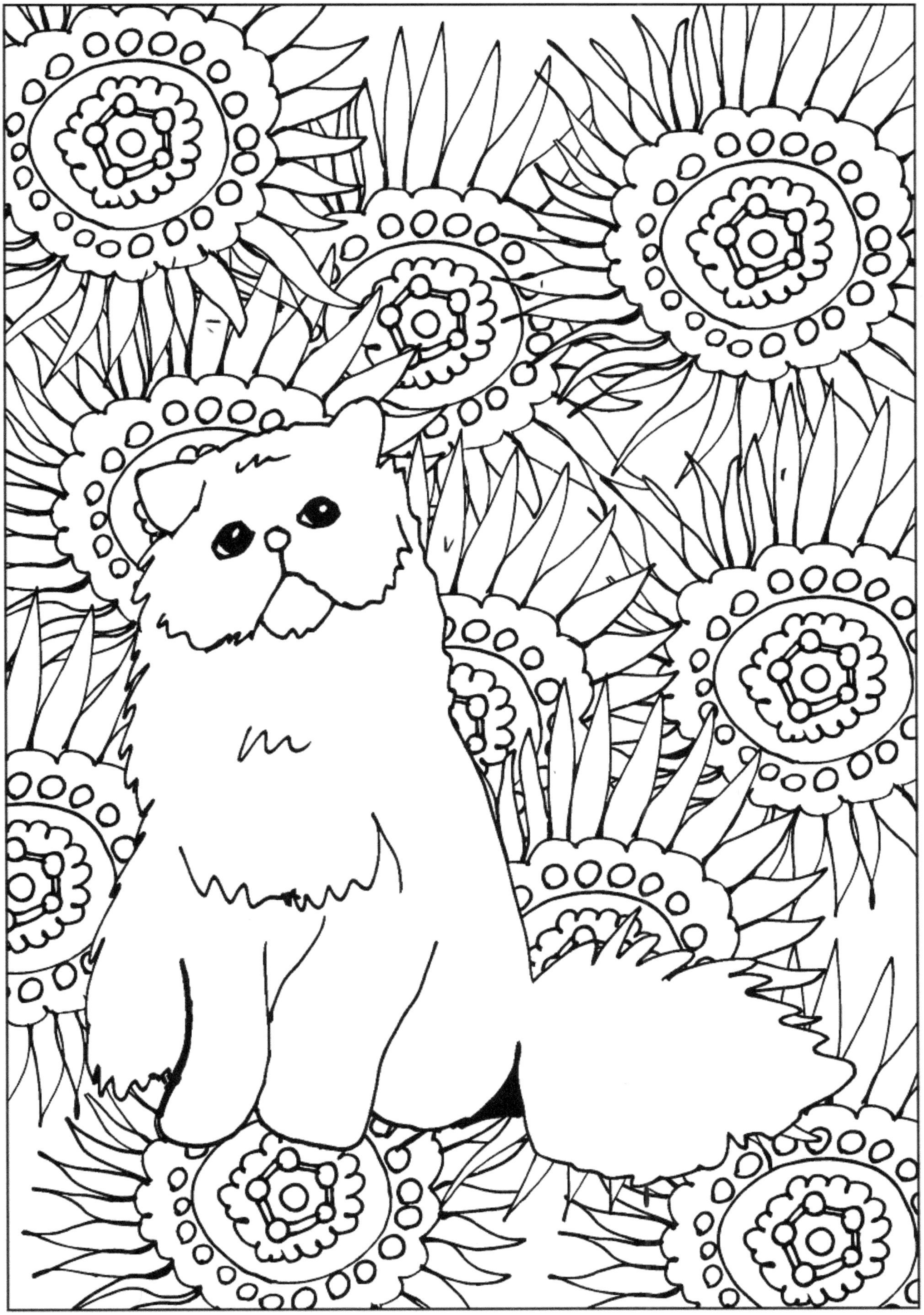

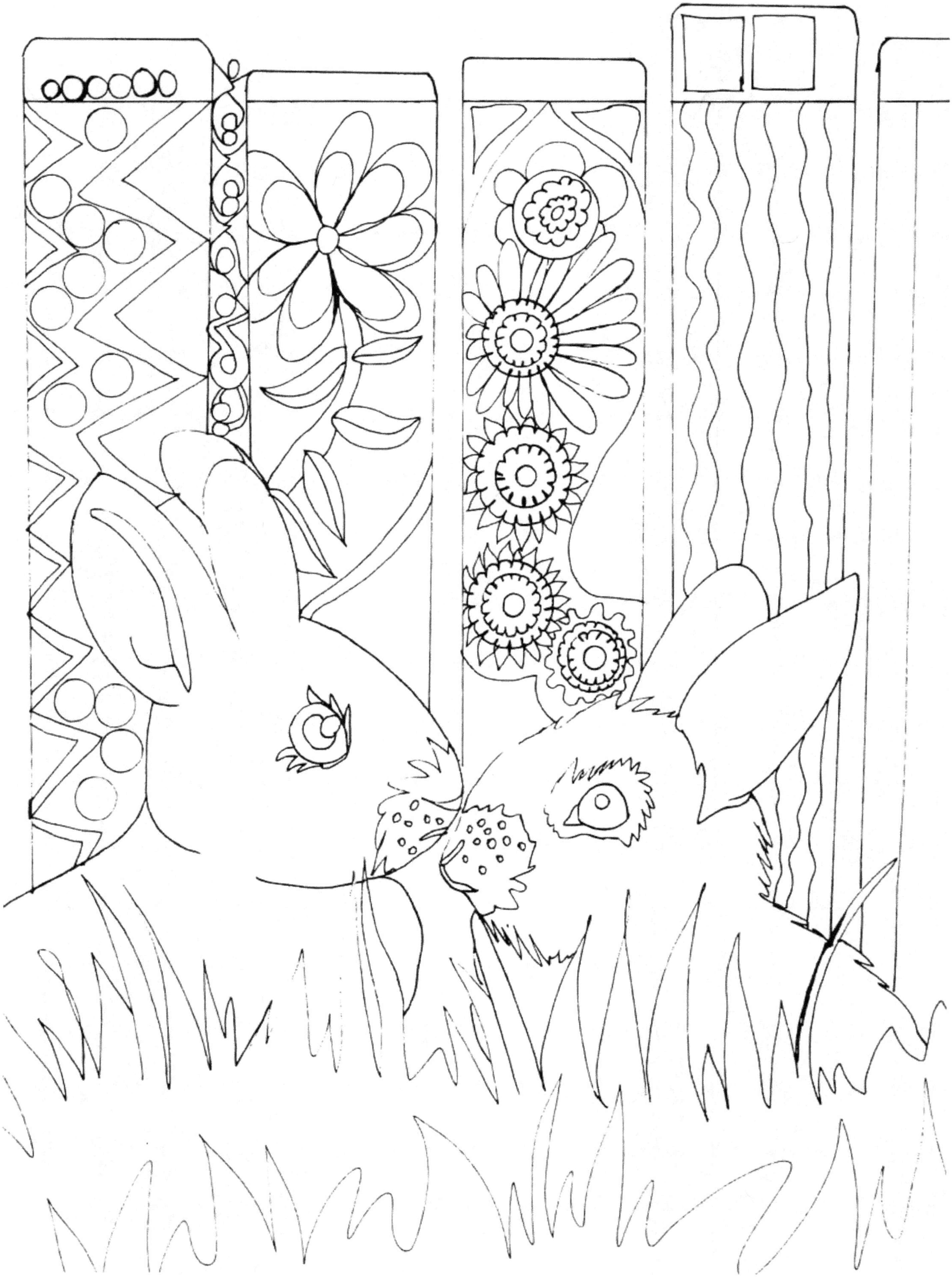

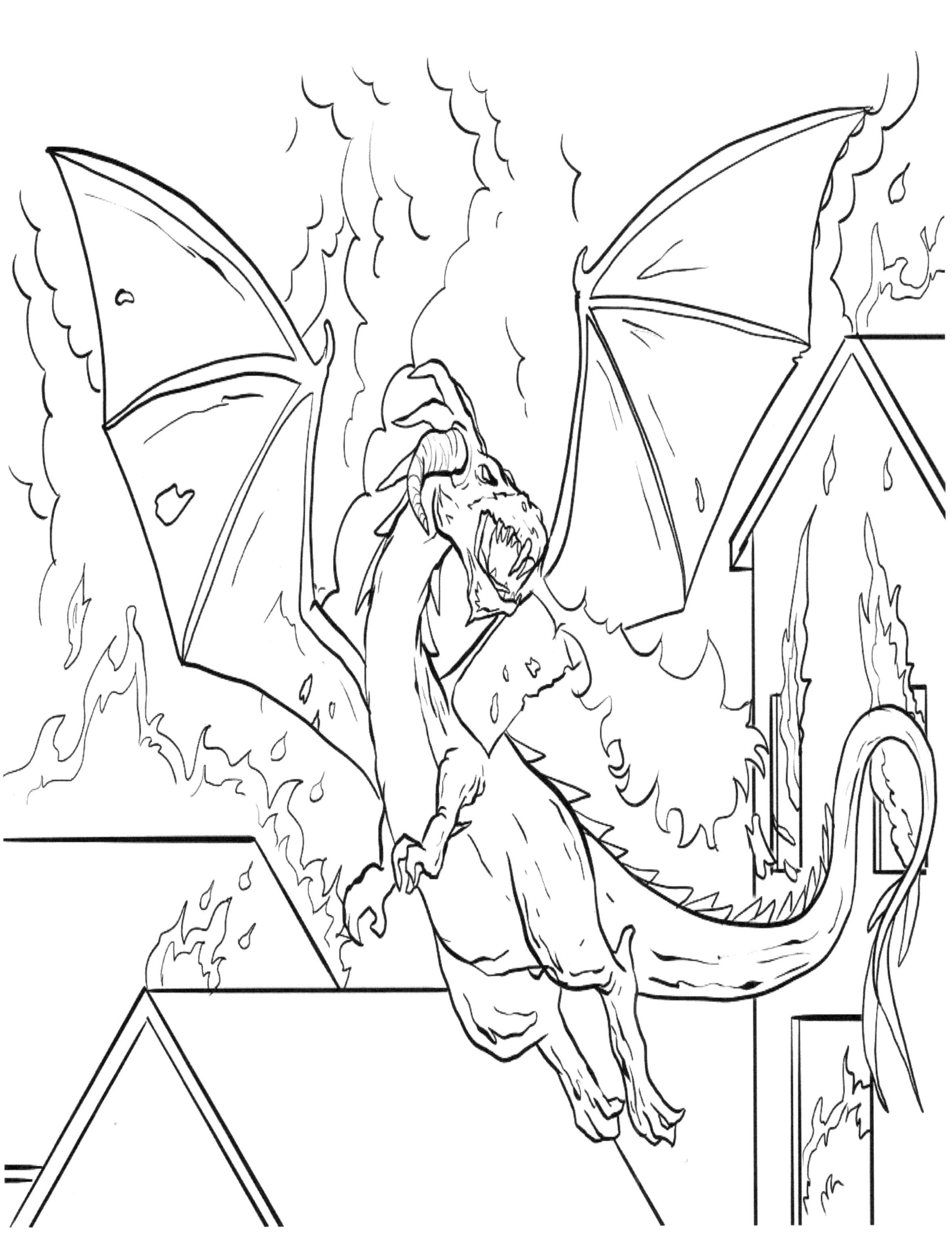

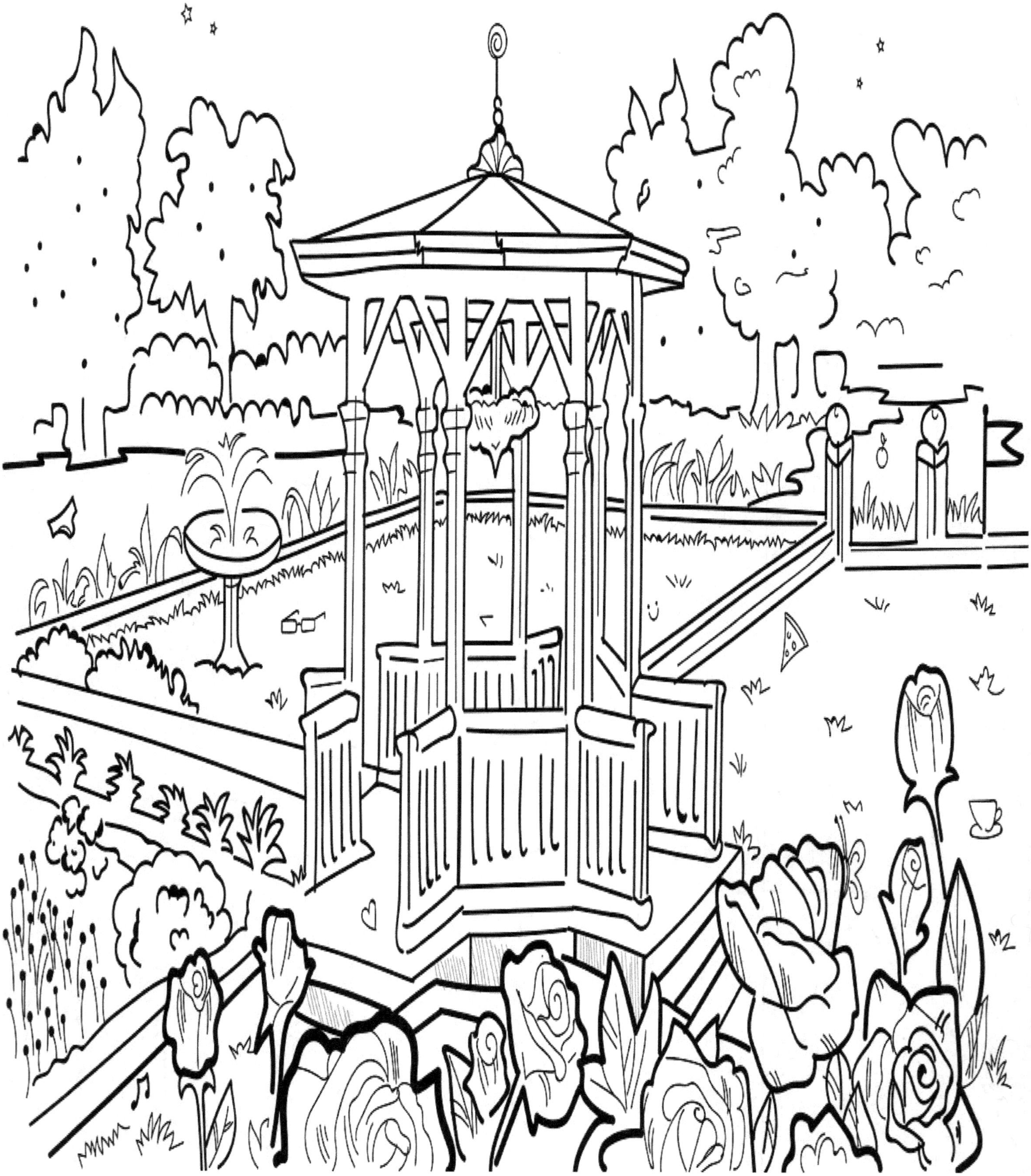

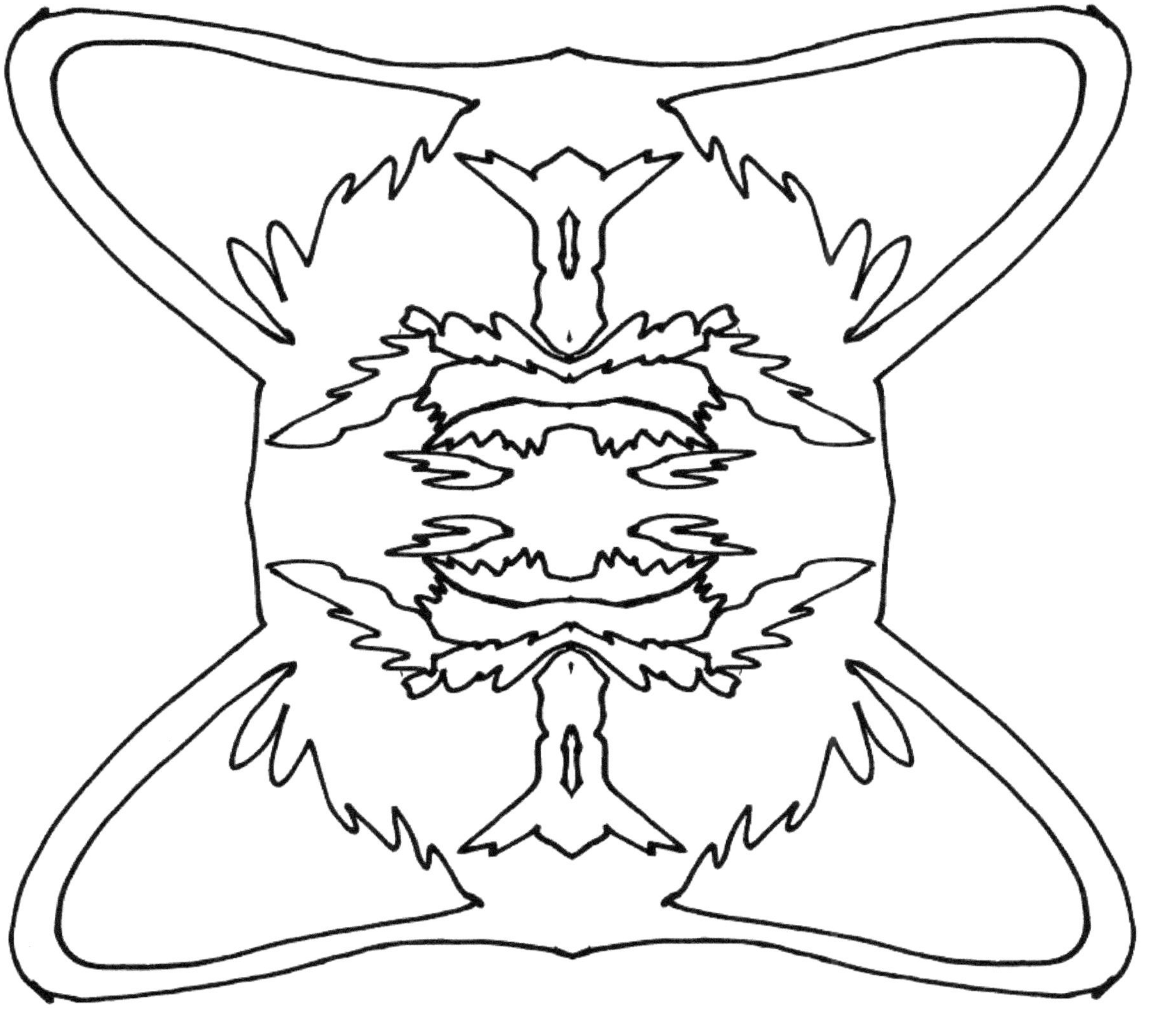

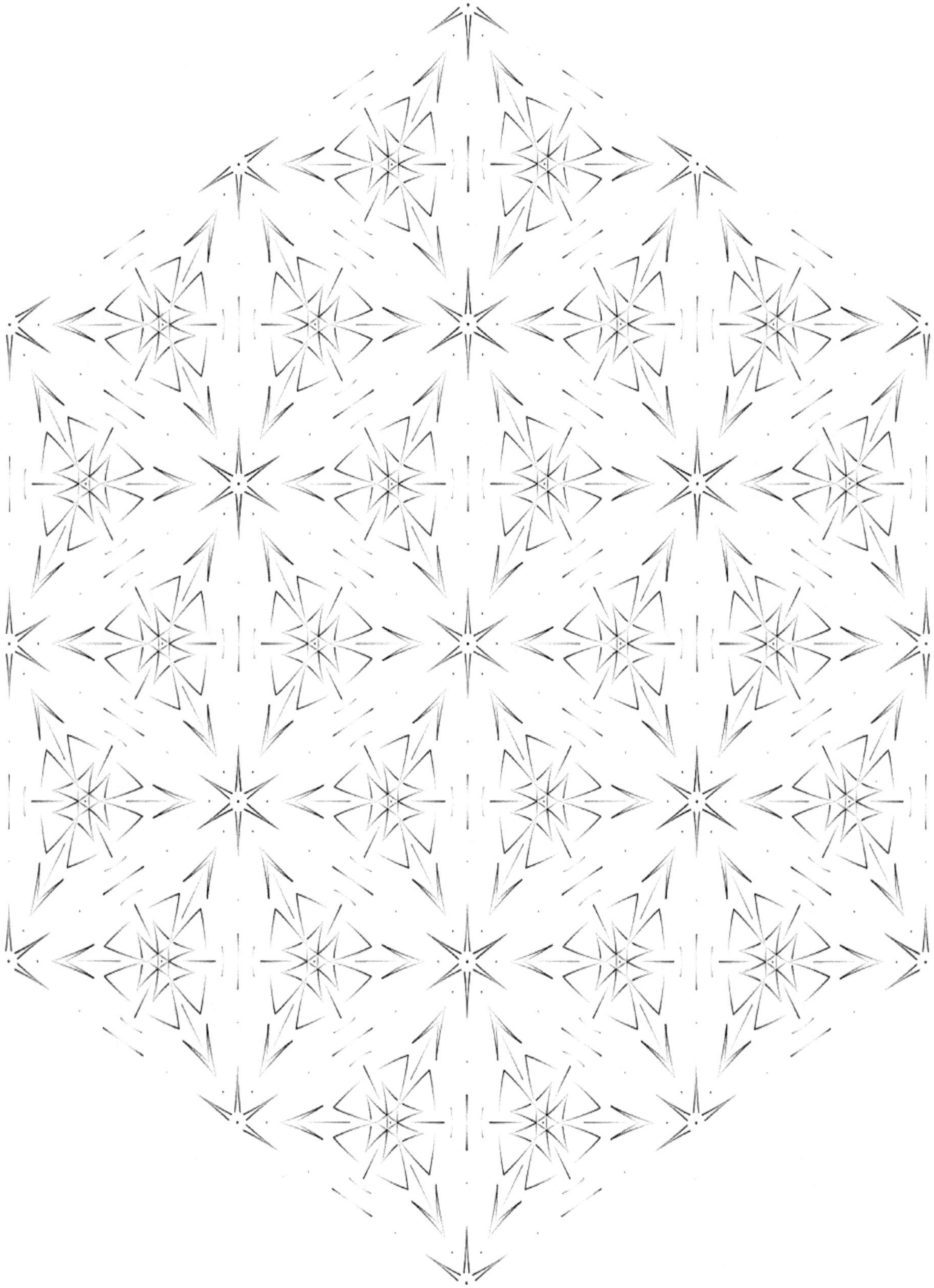

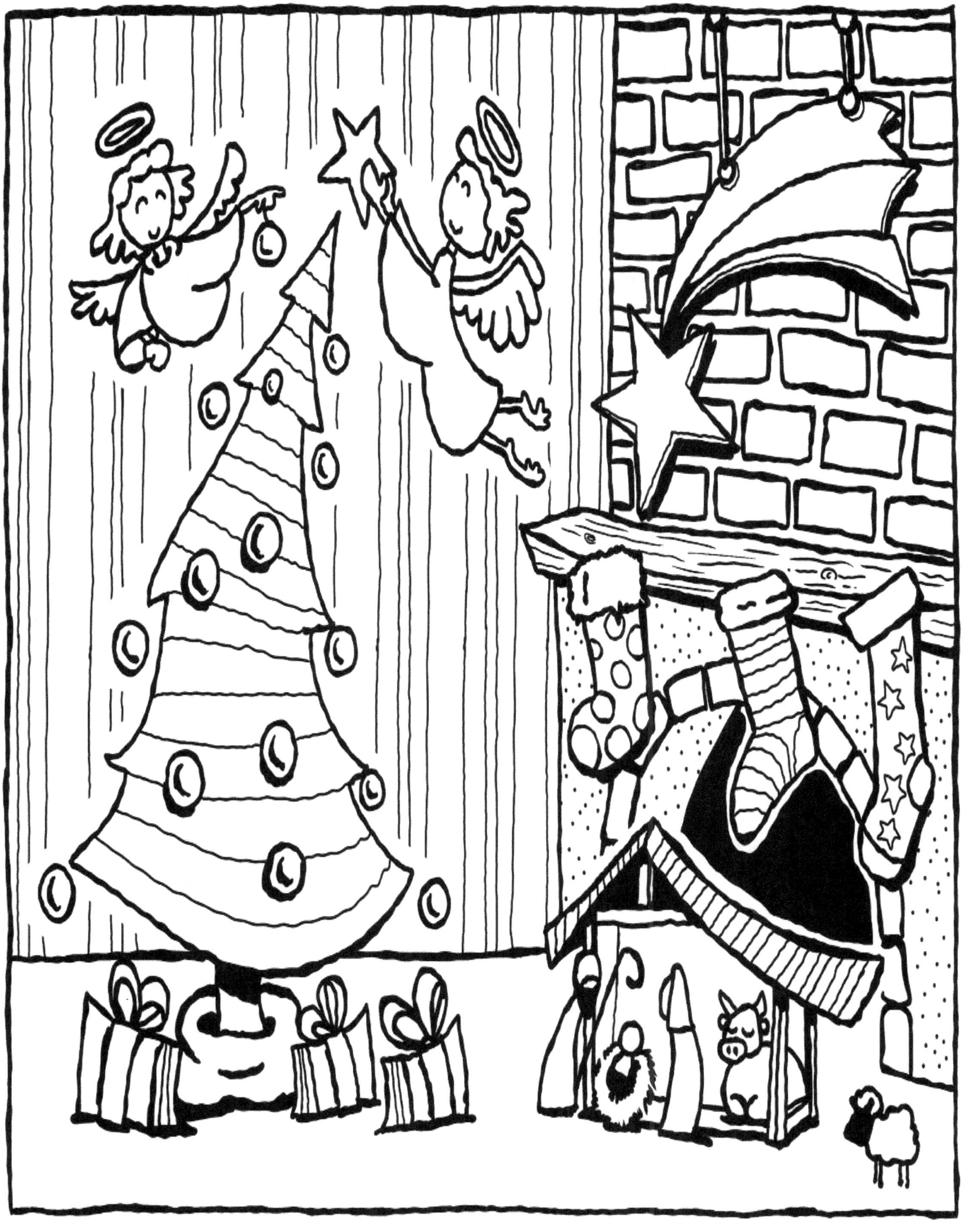

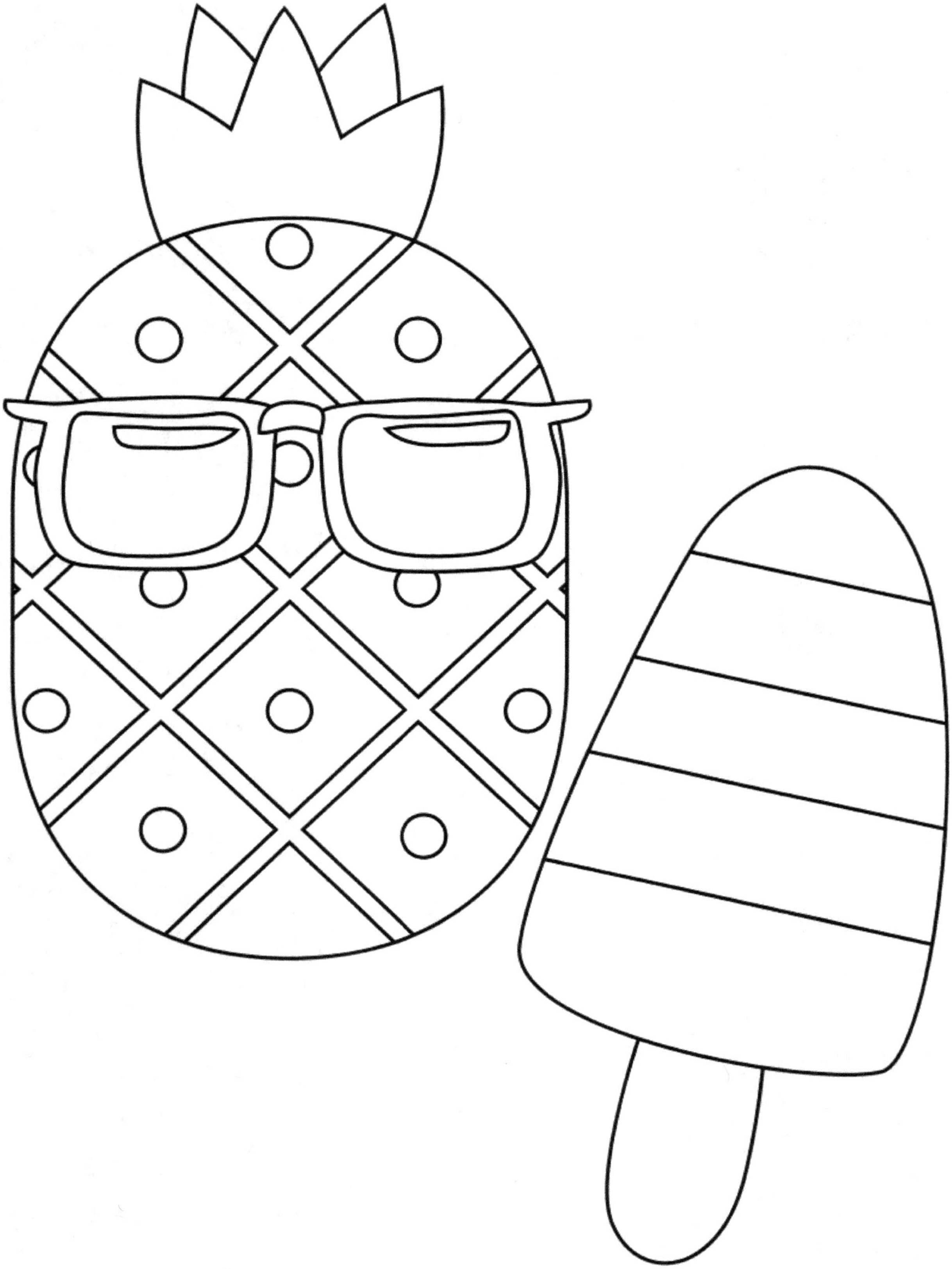

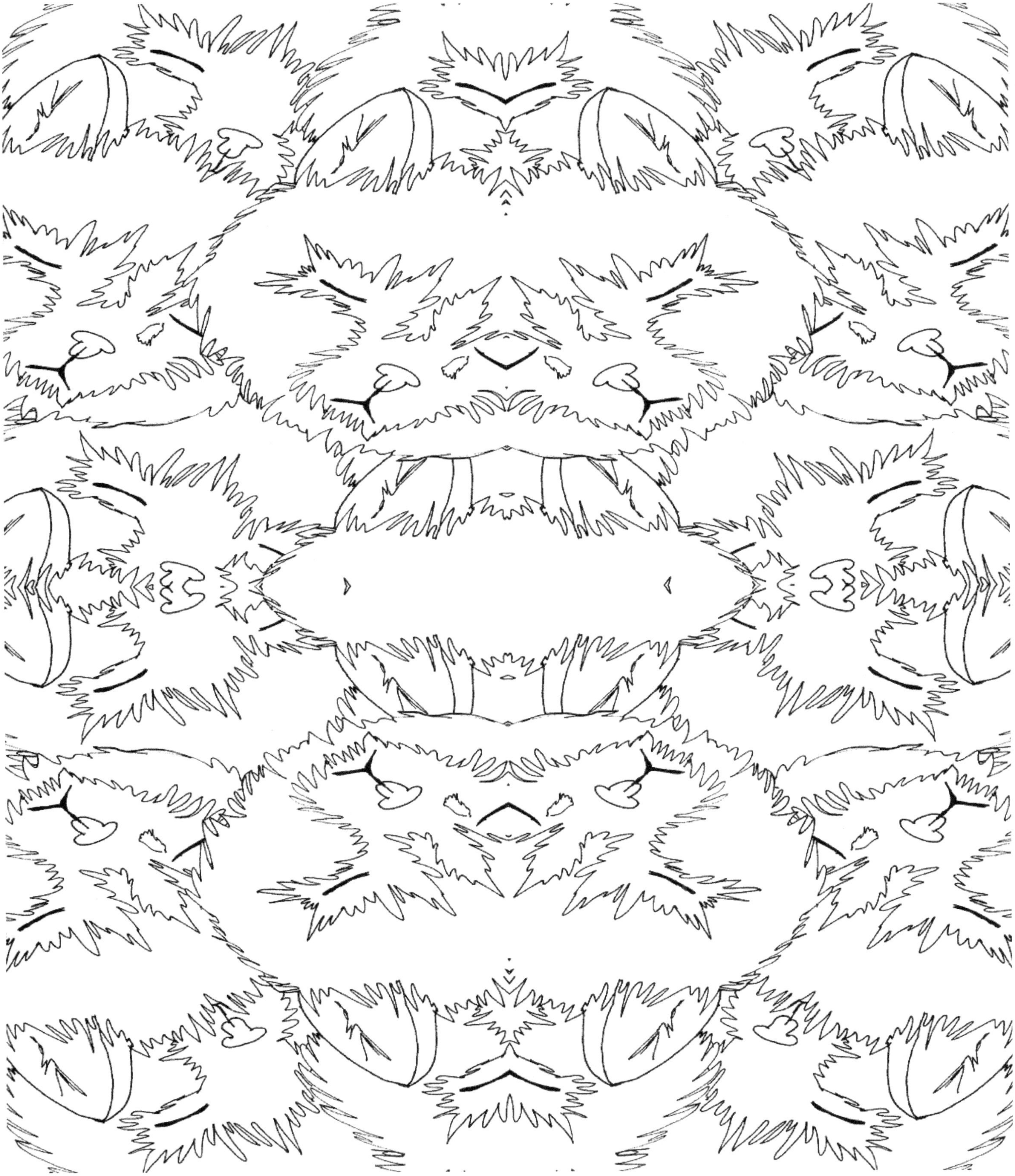

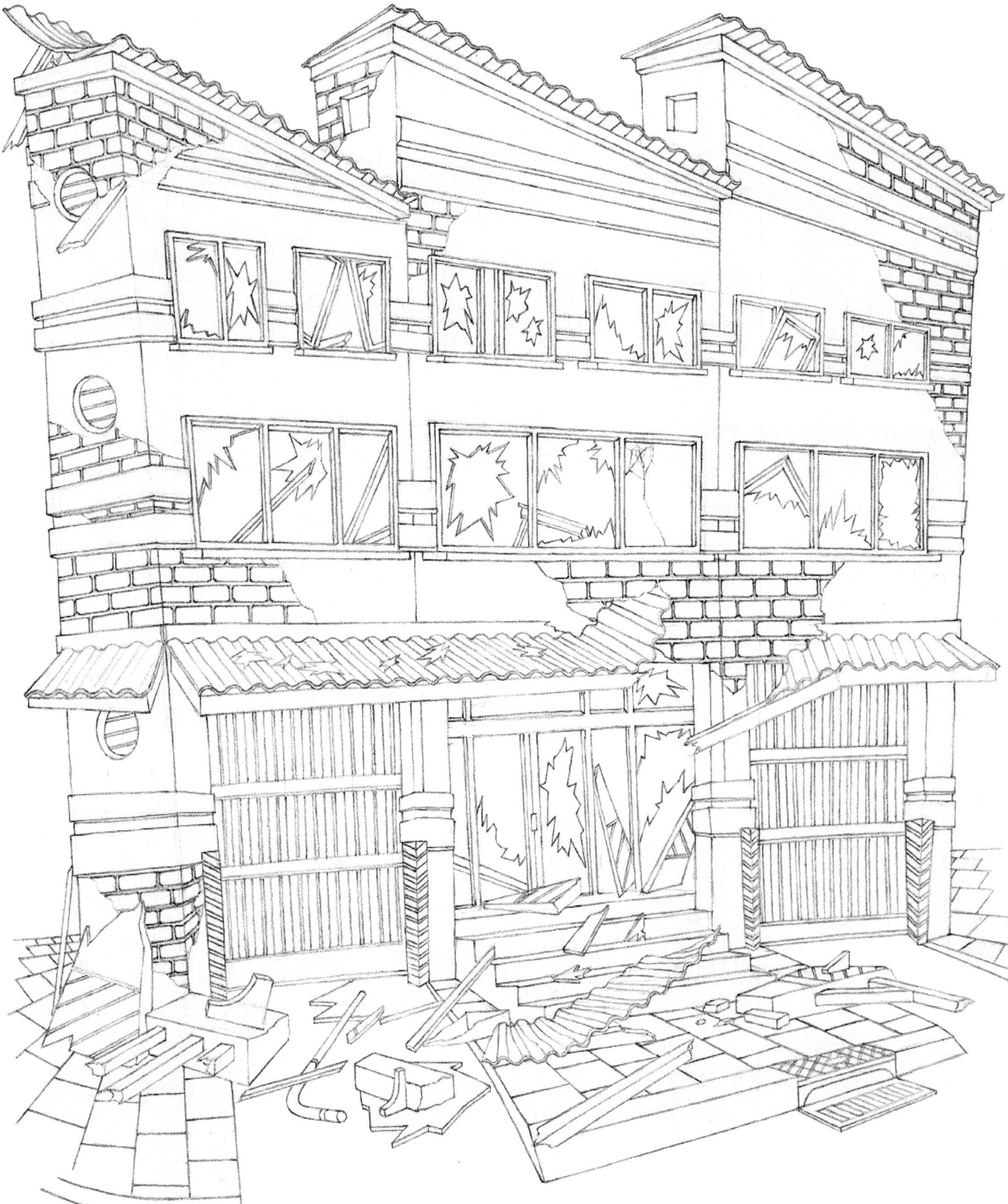

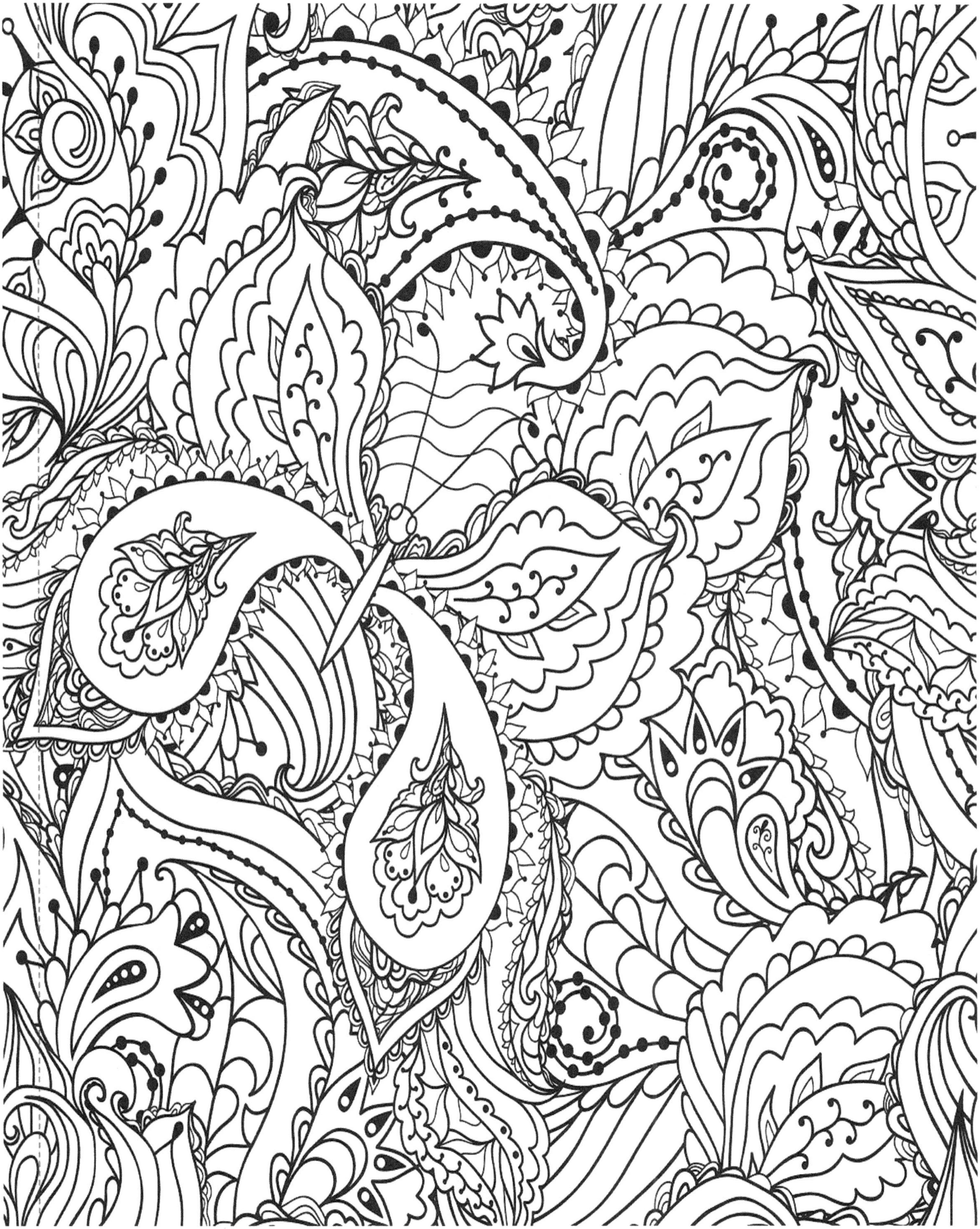

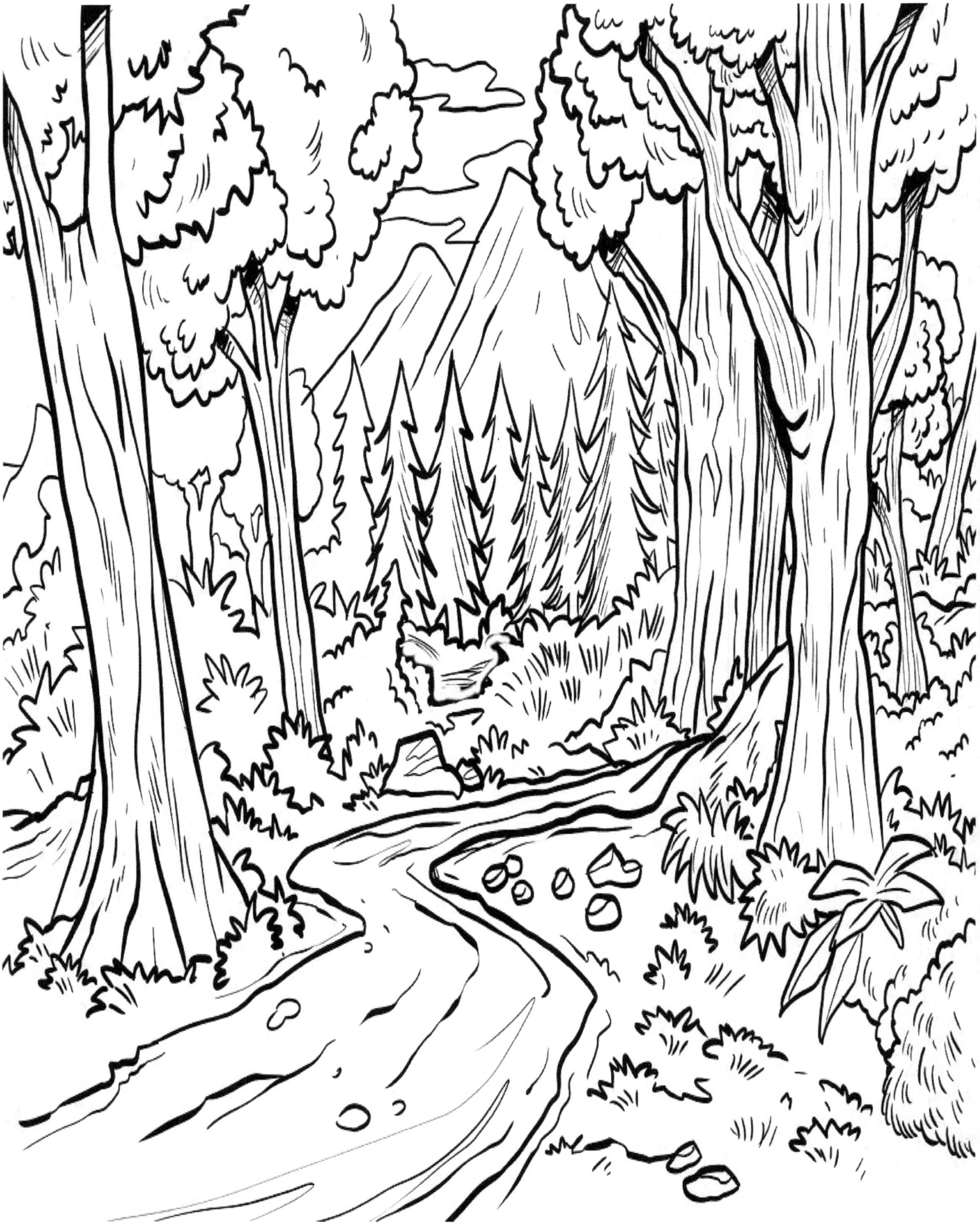

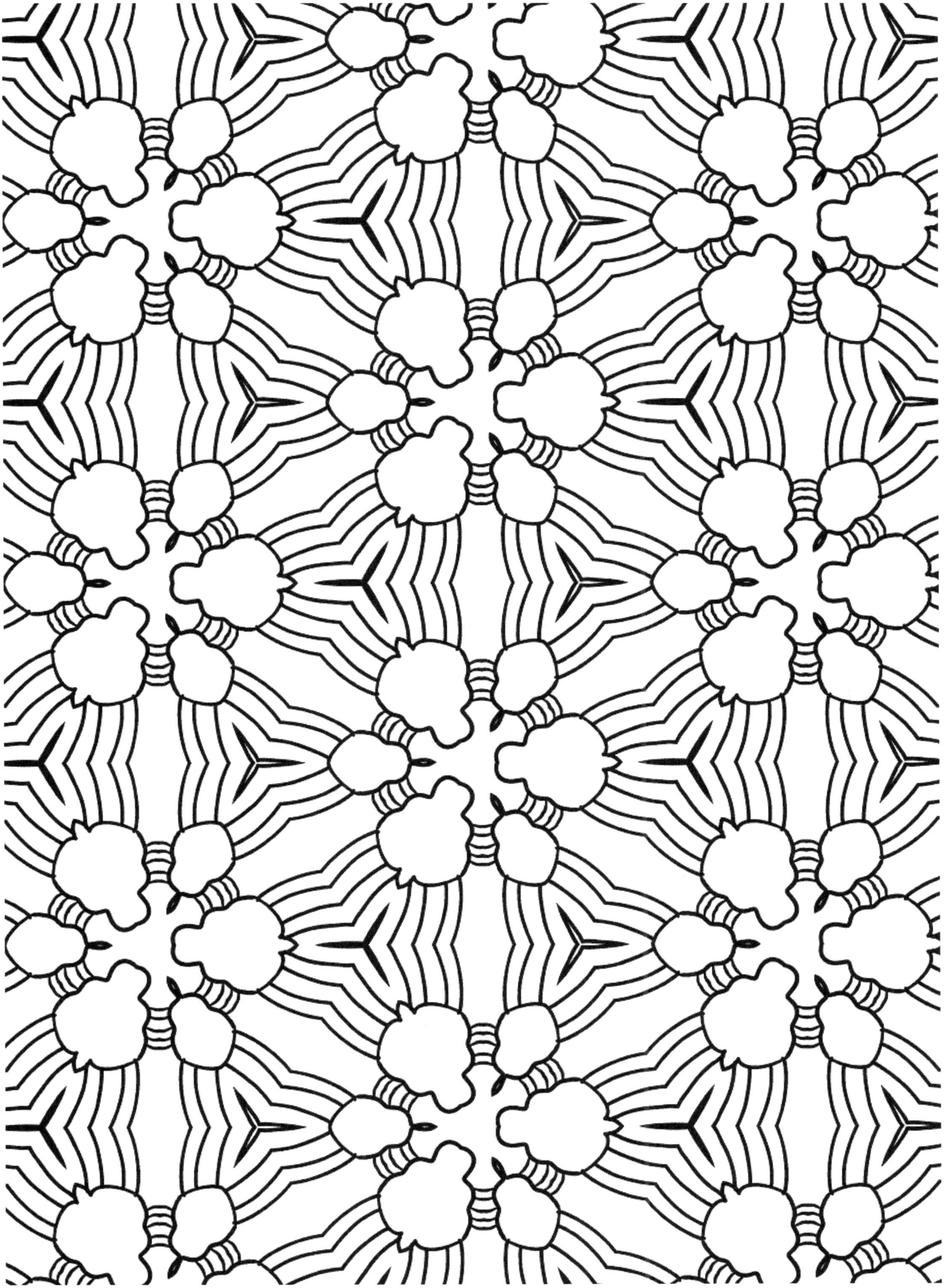

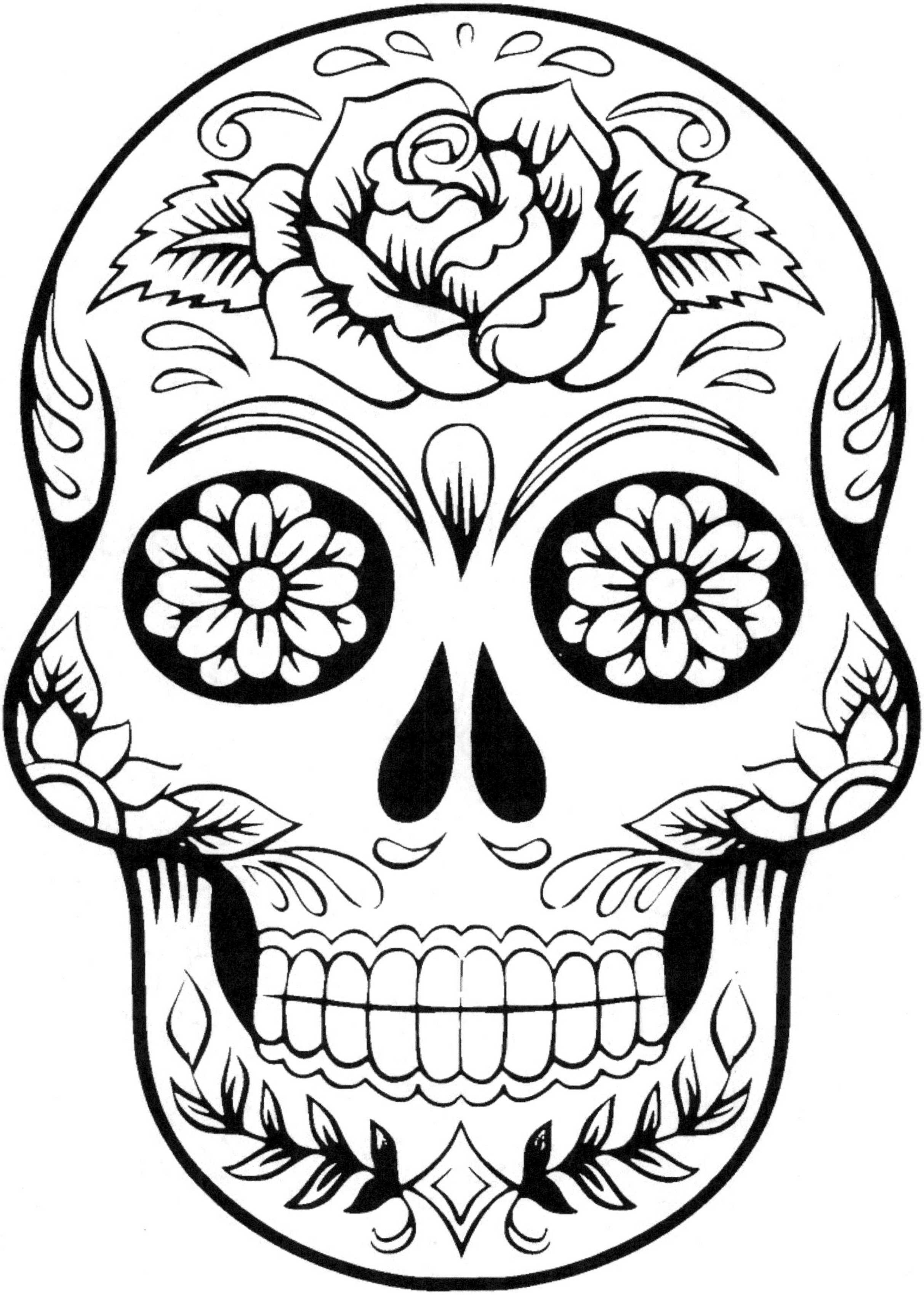

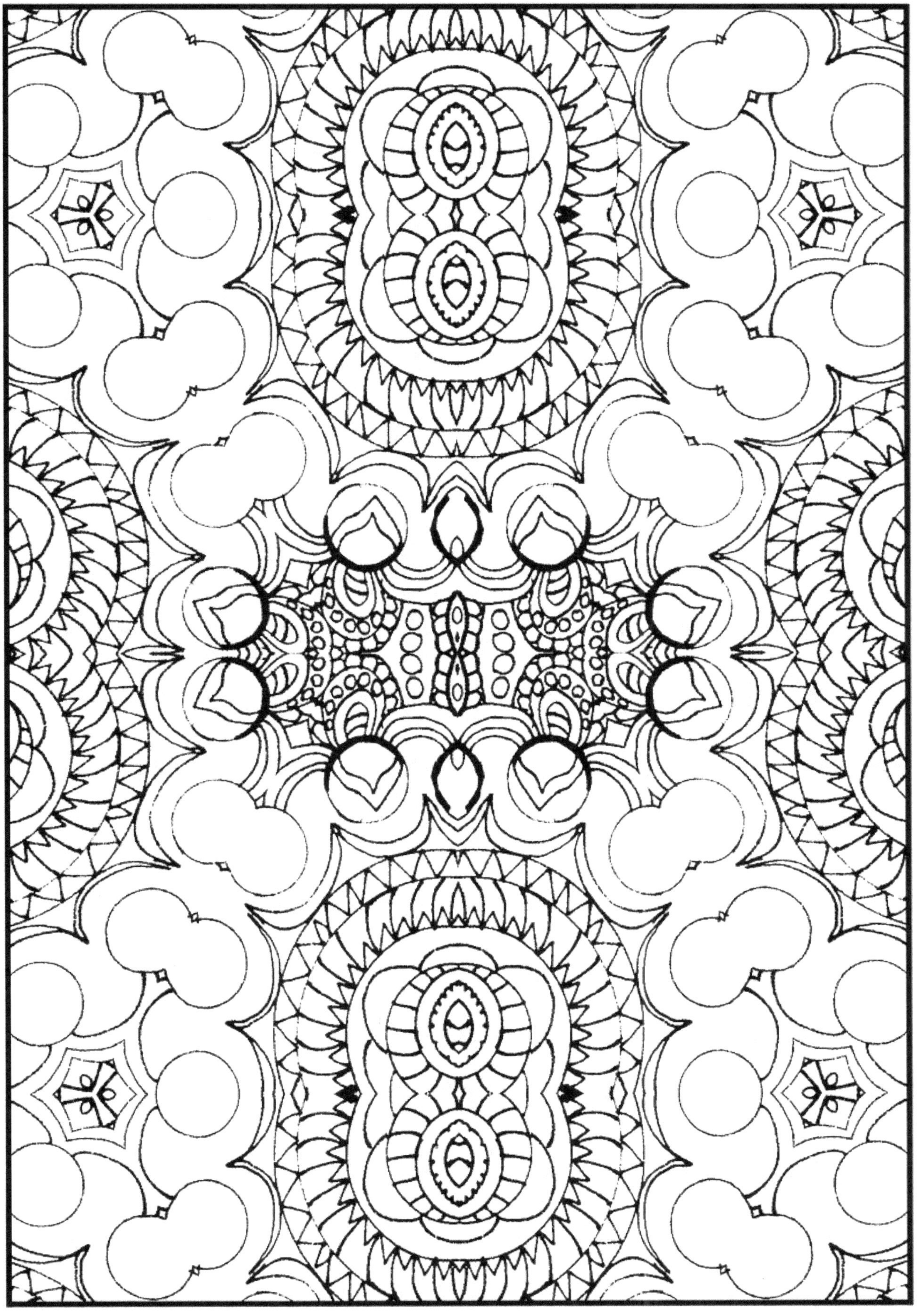

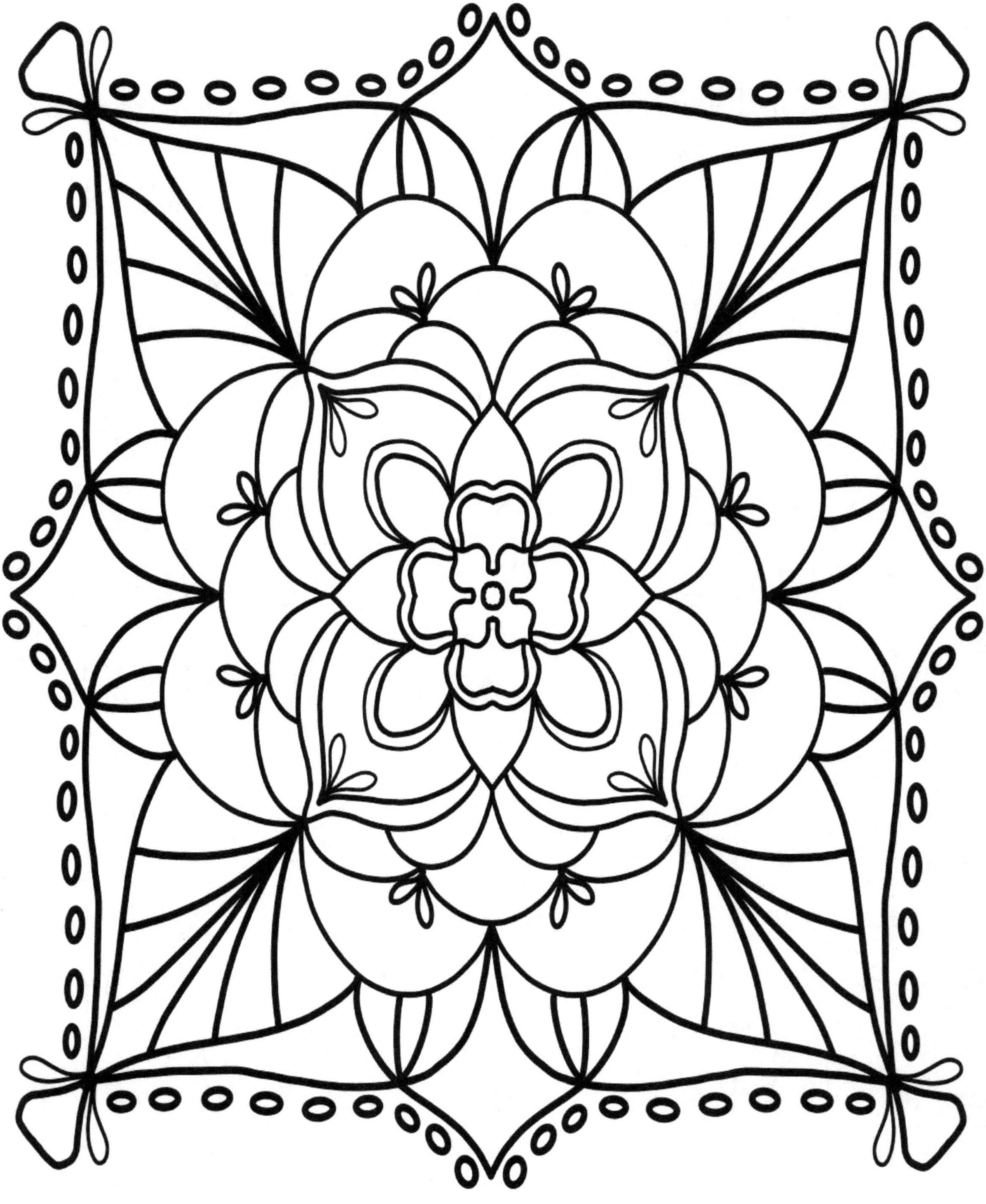

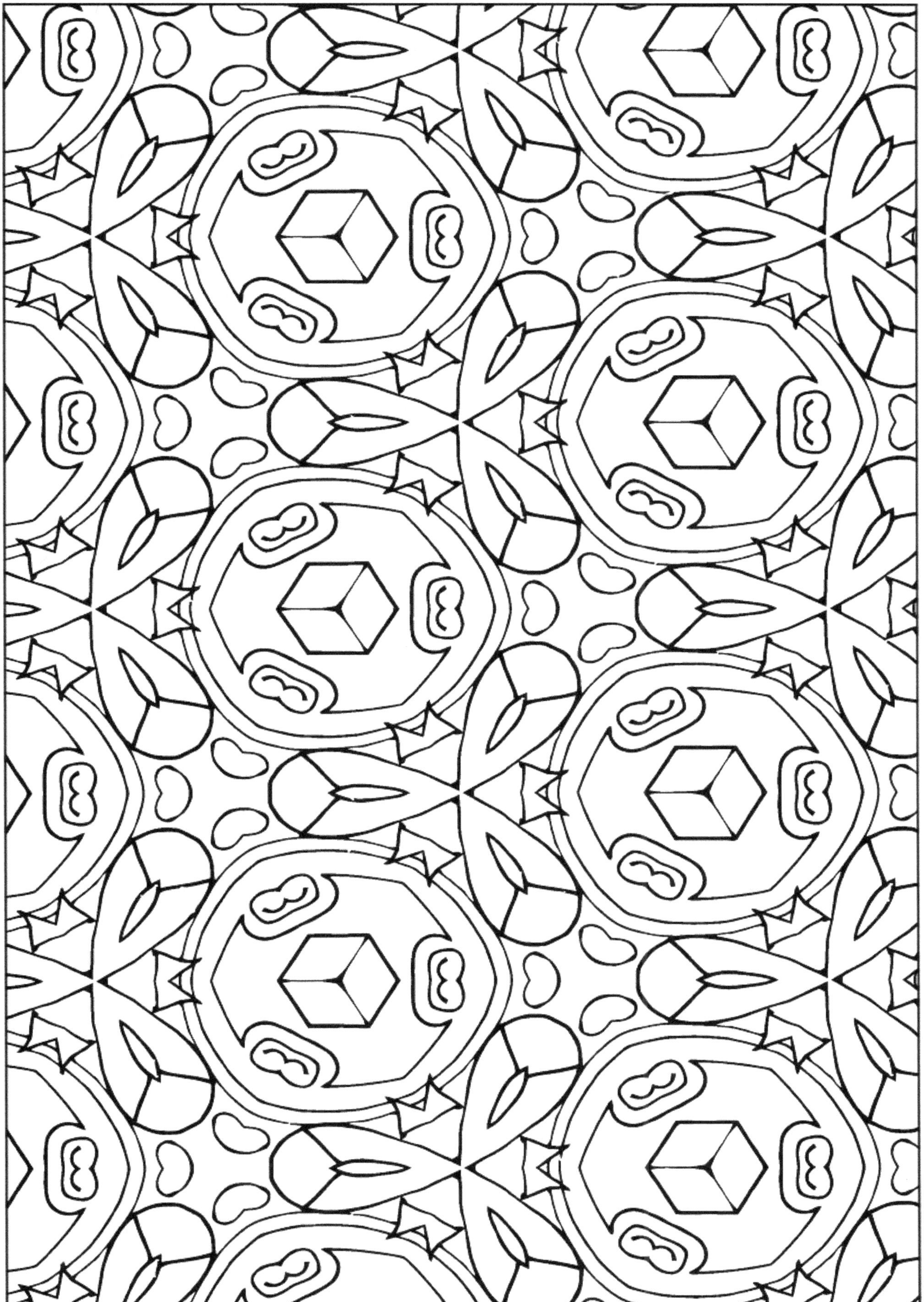

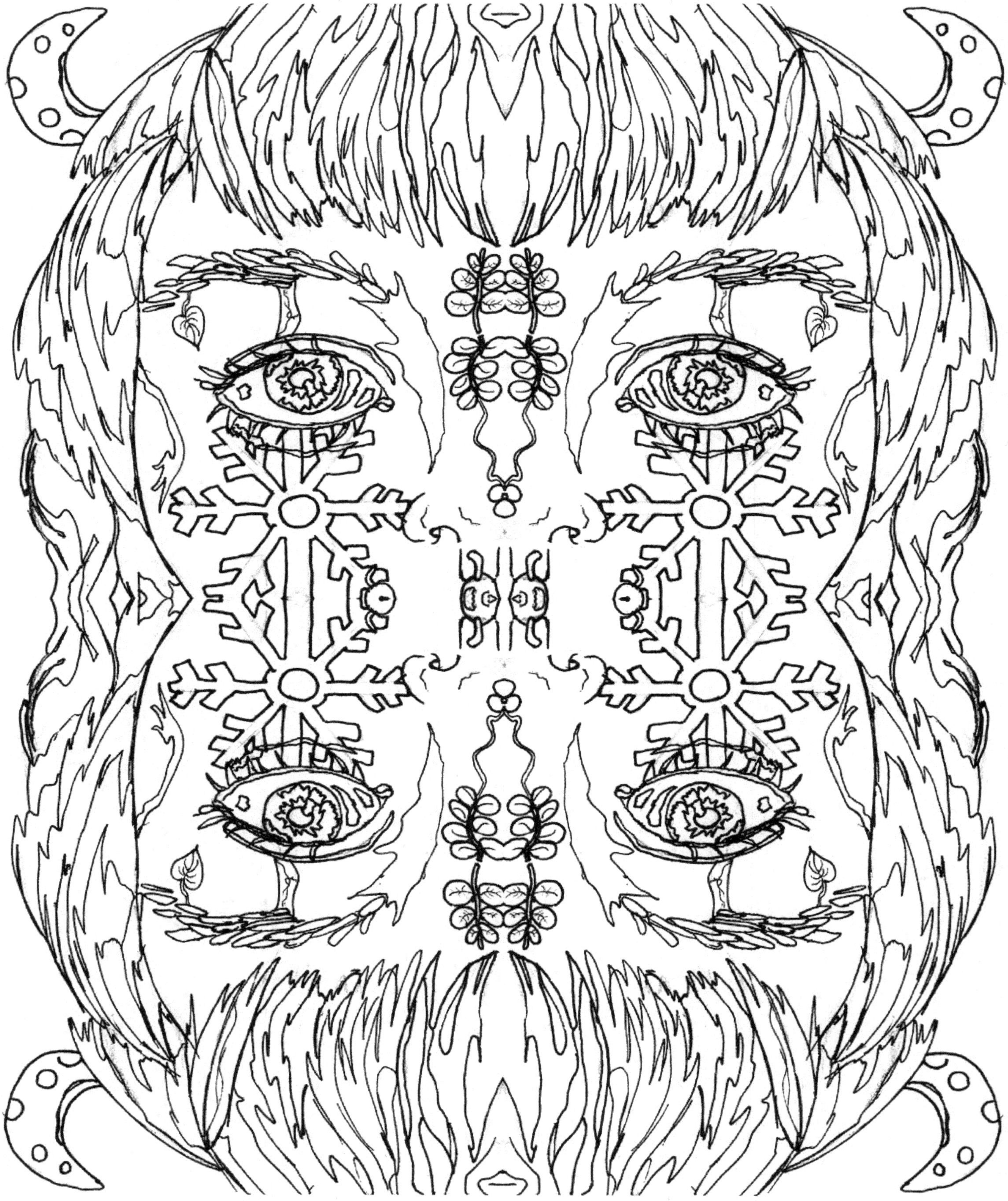

www.ingramcontent.com/pod-product-compliance
Lightning Source LLC
LaVergne TN
LVHW081805050326
832903LV00027B/2111
* 9 7 9 8 8 5 9 9 4 3 5 8 6 *